Controller-Praxis II

CONTROLLING POCKETS

2

ALBRECHT DEYHLE

Controller-Praxis

Führung durch Ziele,
Planung und Controlling

BAND II Soll-Ist-Vergleich, Erwartungsrechnung und Führungs-Stil

---

Herausgegeben von der
Controller-Akademie, Gauting/München

14. Auflage

VERLAG FÜR CONTROLLING WISSEN
Offenburg und Wörthsee

CONTROLLER-PRAXIS umfaßt 2 Bände:

I. Unternehmensplanung, Rechnungswesen und Controller-Funktion (1. bis 7. Kapitel) – ISBN 3-7775-7201-2

II. Soll-Ist-Vergleich, Erwartungsrechnung und Führungsstil (8. bis 12. Kapitel / Gesamtregister) – ISBN 3-7775-7202-0

14. durchgesehene Auflage 2001
13. überarbeitete Auflage 2000
12. unveränderte Auflage
11. Auflage 1996
10. bearbeitete Auflage 1994
9. durchgesehene Auflage 1992
8. Auflage 1991
7. Auflage 1989
6. Auflage 1986
neubearbeitet
56.–59. Tausend

Band II
Mit 44 Abbildungen

ISBN 3-7775-7202-0

Dr. A. Deyhle, D-82237 Wörthsee-Etterschlag
Seit 1999 Verlag für Controlling Wissen AG, Offenburg und Wörthsee
Gesamtherstellung: Schoder Druck GmbH & Co. KG
D-86368 Gersthofen

Printed in Germany
1971/1973/1975/1978/1982/1986/1989/1991/1992/1994/1996/1998/2000/2001

Inhaltsverzeichnis

Zur Erinnerung kommen bei den Zahlenbeispielen noch DM vor.

»Vorspann« zur 6. Auflage 1986

Ausdrücklich oder unausgesprochen war immer schon unterstellt, daß die Realisierung der Werkzeuge des Controlling der EDV bedarf. Das gilt vor allem für die Systematik des Rechnungswesens. Neu ist heute der Personal Computereinsatz – und zwar soweit er gesprächsbegleitend erfolgt. Nicht das einfachere Rechnen oder Plotten allein ist gemeint, sondern das kommunikationsfördernde nebeneinander sich »ins Bild setzen«. So ist der folgende »heiße« Worksheetabdruck für einen Projektstandsbericht zu verstehen. Zu vergleichen ist zudem: Ist zum 31. 12. / Jahresziel / Ankündigung des voraussichtlichen Ist. Auch eine Abweichung kann 100% Zielerfüllung bedeuten, wenn sie beizeiten – z. B. in der Erwartungsrechnung zum 30. 9. – angekündigt worden ist.

Gedanken zur 10. Auflage 1994

»Es kommt anders, als man denkt« ... Es kommt aber nur dann anders, wenn man vorher denkt. Sonst kommt es bloß eben anders. Das vorher denken ist das Planen. Die gedankliche Vorwegnahme künftiger Ereignisse. Das Controlling muß alltäglich bewältigen, dieses »kommt anders« – als wieder neuen Anlaß auch zum Denken.

Anhang 2000

Abgrenzungen im Controller-Berichtswesen und Formular »vier Fenster«.

Text	Projekt- Plan	Ist zum	Bearbeitg. Stand.....	Projekt- Budget Ges	Erwartg. Restzeit	V'Ist Proj.ende
Stunden A	600	700	60%	1200		
Stunden B	700	800	40%	1800		
Arb.Pak.I	1300	1500	46%	3000		
Stunden A	700	600	30%	2000		
Stunden C	2200	1900	40%	4000		
Arb.Pak.II	2900	2500	38%	6000		
SachkTDM	550	440		1000		
Termin	31.8.85			1.4.87		

Sachverh./Analyse	Maßnahmen/Vorschläge:	wer/wann?
Verzögerung IB auf dem kritischen Weg?(Netzplan)	Wie Rückstand IB aufholen? Wie Vorsprung IIC sichern?	
	Themenspeicher:	
Schneller gegangen durch Mitwirkung Team X	Projekten dieser Art gewachsen? Länderstützpunkt Y errichten?	

Abb. 0: Project-Controlling – Listenbild – gesprächsbegleitend erzeugt im Personal Computer; Erwartg. einzutragen d. Projekt-Management

Soll-Ist-Vergleich und Führungs-Stil

Vorbemerkung zum II. Band

Die Controller-Praxis besteht nicht im Nachkontrollieren oder gar Hinterdrein-Spionieren. Sie will dafür sorgen, daß jeder sich selber kontrollieren kann im Rahmen der mit der Geschäftsleitung vereinbarten Ziele sowie der darauf ausgerichteten Pläne, Budgets und Standards.

Controller-Praxis ist demnach Soll-Ist-Vergleich. Durch konsequentes Nebeneinanderstellen der Plan- und Ist-Information ergibt sich das Controlling oder die Steuerung: der Signalapparat für das Management, um »Korrekturzündungen« zu veranlassen.

Planung und Soll-Ist-Vergleich bilden aber auch Ausdruck eines Führungsstils. Sie realisieren das vielzitierte »management by objectives«. Planungen stellen Rahmen dar für die an Mitarbeiter übertragenen Kompetenzen. Soll-Ist-Vergleiche bieten eine Lösung für moderne Mitarbeiterführung und -überwachung; für das Steuern der Mitarbeiter über die Resultate sowie das »management by exceptions«.

Die Planung ist ein lernendes System. Der Lernprozeß ergibt sich aus dem Soll-Ist-Vergleich. Die Planzahlen besitzen Richtwertfunktion für die Istzahlen; die Istzahlen »erziehen« aber auch die Planzahlen in dem Sinne, daß durch die Planung realistische und erreichbare, deshalb auch motivierende »Fahrpläne« aufgestellt sind.

Der Lernprozeß betrifft jedoch nicht nur das sachliche System der Planung, sondern auch den Manager, dessen »objectives« mit der Planung formuliert sind und dessen Erfolge der Soll-Ist-

Vergleich ausweist. Budgets und Abweichungen sind auch Instrumente der Personalführung und -förderung, des Management Development. Soll-Ist-Vergleiche dienen als Einstieg in die Manager- und Mitarbeiterbeurteilung.

Controller-Praxis ist zugleich Führungs-Praxis. Auch der Controller hat eine Trainer-Funktion, die Hilfe zur Selbsthilfe geben soll.

Gauting/München, Herbst 1971

Zu deren Realisierung gehört unentrinnbar *»Controller's Hausbesuch«*. Das Bringprinzip für Zahlen bedeutet zum Kunden hingehen. Soweit ist ein Controller wie ein guter Verkäufer tätig, der seine Kundschaft aufsucht. Dabei empfiehlt es sich, einen festen Terminkalender auszumachen – also nach dem Jour-fixe-Grundsatz zu handeln. Als Controller lebt es sich leichter, wenn die Eintrittskarte ein schon vorher vereinbarter Termin ist. Und nicht eine ungünstige Abweichung. Schließlich ärgern sich Manager häufig darüber, daß sie von einem Controller das gefragt werden, was sie selber schon ärgert.

Verboten sollten deshalb sein Fragen wie: »Wieso bloß so wenig Umsatz?« – oder »Wieso schon soviel Kosten?« Das sind Rückspiegelfragen und zugleich Zensuren.

Richtig sind Fragen in der Art wie: »Erreichen wir das Umsatzziel noch, wieviel Kosten sind noch nötig, ist der Termin noch zu schaffen . . .?« Diese Frontscheibenfragen sind therapeutisch wirksamer und werden nicht so aufgefaßt, als müsse man sich rechtfertigen. Protokollrahmen für Soll-Ist-Vergleichsgespräche – für die Controlling-Talk-Show – ist die *Erwartungsrechnung*. Sie ist »Umsteigebahnhof« zwischen Ist und Budget wieder in den neuen Fahrplanbau hinein. So ist Controlling ein kontinuierlicher Lernprozeß, der aber nur läuft, wenn man sich auch irren darf. »Irret Euch nur« – müßte man sagen, bloß nicht auf Dauer.

Gauting/München, Frühjahr 1982

Dr. Albrecht Deyhle

8. Kapitel

Führungs- und Planungsgrundsätze

Planung ist eine Aufgabe, die jeden Manager betrifft, der einen bestimmten Bereich in der Unternehmung leitet. Planung ist also keineswegs bloß ein Projekt für Experten, die im »stillen Kämmerlein« Planungsanalysen durchführen. Planungen besitzen die Funktion von Fahrplänen, nach denen die »Züge« in den einzelnen Management-Bereichen verkehren sollen. Das Management muß sich deshalb mit seinen Fahrplänen identifizieren; d. h. die Planung ist nicht Sache einer Planungsabteilung, sondern eine Angelegenheit, die das Management selbst angeht. Auch um Personalführung kann sich nicht bloß der Personalchef kümmern. Jeder Manager hat in seiner Führungsfunktion Mitarbeiter zu führen; in seiner Leitungsfunktion muß er planen. Aus diesem Grunde empfiehlt es sich, parallel zu den Führungsgrundsätzen auch Planungsgrundsätze zu formulieren, so daß jeder im Unternehmen weiß, was unter Planung zu verstehen ist, inwieweit er selber dazu beizutragen hat und wie man mit der Planung praktisch arbeitet.

»Bei uns kann man nicht planen, weil sich immer so viel ändert«

Wer eine Planung aufstellt, ist kein Hellseher oder gar Prophet. Oft hört man, daß es so schwierig wenn nicht unmöglich sei zu planen, weil täglich wesentliche Daten sich immer wieder ändern. In Wahrheit geht es aber darum, gerade dort zu planen, wo sich viel ändert. Wenn alles so bleibt, wie man es gewohnt ist, würde es genügen, einfach die Vergangenheit auf die Zukunft zu übertragen. Gerade dort, wo ständig sich was ändert, bewährt sich der Fahrplan besonders gut. Natürlich wird man durch die Planung nicht verhindern können, daß Abweichungen auftreten, daß unvorhergesehene Ereignisse passieren oder daß die Geschehnisse im Ist sich nicht genau auf der Linie des Plankurses halten lassen. Aber gut: durch den Vergleich zwischen Ist und Plan ergibt sich beizeiten die Möglichkeit des Eingreifens, der Gegensteuerung, der »Korrektur-Zündungen«, um das Unternehmens-Schiff bzw. den betreffenden Bereich möglichst gut auf Plankurs zu halten. Hätte man keine Planungen aufgestellt, würde man ja gar nicht sehen, inwieweit die täglichen Ereignisse von dem, was ursprünglich gewollt war, abweichen.

Um diesen Sachverhalt noch besser zu illustrieren, wird gerne die Geschichte von einem Fahrgast der Bundesbahn erzählt, der auf einem Bahnhof irgendwo ungeduldig auf seinen Zug wartet, der immer größere Verspätung hat. Schließlich geht er zornig zum Stationsvorsteher und fragt, wieso die Bahn überhaupt einen Fahrplan habe. Der sei doch unnötig, nachdem die Züge doch nicht pünktlich kämen. Der Stationsvorsteher erwidert ihm darauf: »Wenn wir keinen Fahrplan hätten, wüßten wir doch gar nicht, wie groß die Verspätung ist.« Diese Story klingt zunächst wie eine Binsenwahrheit. Aber sie enthält den wahren Kern einer wirksamen Planungs-Philosophie.

Abweichungen sind keine Schuldbeweise

Die Planung ist ein Lern-Prozeß. Statt »Wer wagt, gewinnt« könnte man hier sagen: »Wer beginnt, gewinnt«. Die Bereitschaft, etwas dazuzulernen, besteht aber nur dort, wo der Lernerfolg nicht als Ausdruck früheren Zu-dumm-Seins gewertet wird. »Seien Sie ruhig. Ihre Planung hat schon beim letzten Mal nicht gestimmt!« – Diese Äußerung eines Chefs gegenüber

z. B. seinem Verkaufsleiter führt mit Sicherheit zum Ende jeder Bestrebung zu planen. Hier kommt zum Ausdruck, daß jemand bei seiner Planung hätte Prophet sein sollen (die Planung hat nicht »gestimmt«); außerdem zeigt sich hierin der Vorwurf, daß man offenbar zu dumm war zu planen oder zu schwach, das effektive Geschehen mit der Planung in Übereinstimmung zu halten. Da es wirklich nicht möglich ist, alles was geschehen wird, genau vorherzusagen, würde beim nächsten Mal ein so angesprochener Verkaufsleiter meinen, daß man in seinem Bereich nicht planen könne, weil sich eben immer so viel ändert oder so viel nicht vorhersehbar ist wie etwa das Verhalten der Kunden und Konkurrenten. Man kann von niemand verlangen, daß er sich den Galgen selber baut, an dem er nachher hängen soll. Abweichungen dürfen also keinesfalls dazu dienen, jemanden wegen der Abweichung oder wegen einer »falschen« Planung persönlich an den Pranger zu stellen. Abweichungen sind ein Signal für verbessertes Steuern, das sachlich zu interpretieren ist als eine Hilfe oder Service-Leistung im Sinne des Dazulernens.

Planungen müssen herausfordern und erreichbar sein

Es hat keinen rechten Sinn, das Unmögliche zu verlangen, damit das Mögliche erreicht wird. Auch eine Uhr läuft nicht langfristig zuverlässig, wenn man sie überdreht. Planzahlen müssen Meilensteine sein und keine Mühlensteine, die einen zu Boden drücken. Nichts ist so erfolgreich wie der Erfolg. *Die Motivation durch die Planung liegt in dem Gefühl, das gesteckte Ziel auch erreichen zu können – gekoppelt mit der Vorstellung, daß es eine echte Leistung gewesen ist.* Man soll also mit der Planung keine Daumenschrauben anlegen. Hängen die Trauben zu hoch, so hört der Fuchs auf, danach zu springen, selbst wenn sie noch so süß schmecken sollten.

Wahrscheinlich ist es die größte Kunst des Managers, einen Kompromiß zwischen fairer Leistungsanspannung einerseits und erreichbarer Zielsetzung andererseits bei seinen Mitarbeitern zustande zu bringen. Weder darf nachher einer überfordert sein noch unterfordert. Das setzt voraus, daß die Planansätze individuell aufgestellt werden – individuell der Sache nach (z. B. ist nicht jedes Verkaufsgebiet mit seinem möglichen Umsatzziel gleich; nicht jeder Spartenchef ist mit seinem Planaufkommen an Deckungsbeiträgen gleich zu veranschlagen, vielleicht weil seine Sparte noch neu ist); andererseits muß der individuelle Ansatz auch persönlich gesehen werden: ein neuer Mann kann nicht gleich zu Anfang so viel leisten wie ein »alter Hase«. Auch darin kommt sehr deutlich zum Ausdruck, daß die Funktion eines Vorgesetzten nach modernem Führungsstil diejenige eines TRAINERS ist, der dafür sorgt, daß seine einzelnen Spieler möglichst viel leisten können, ohne überfordert zu sein, und daß ein guter Team-Erfolg durch Zusammenspiel zustande kommt. Er muß trainieren und fördern durch fordern – aber er darf nicht selber die Tore schießen, weil er meint, daß er alles sowieso besser könne.

Planung ist nicht »Laissez-faire«

Daraus ergibt sich, daß die Planung nicht als Laissez-faire gemeint ist. Es hat keinen Sinn, bei der Planung so vorzugehen,

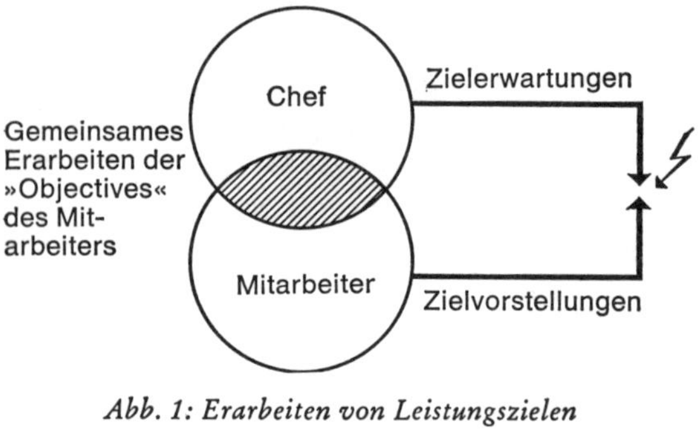

Abb. 1: Erarbeiten von Leistungszielen

daß jeder einmal formulieren soll, was er sich vorstellt. Bei der Planung bzw. der Leistungs-Zielsetzung ergibt sich ein Ineinandergreifen aus der Zielerwartung einer vorgesetzten Funktion mit der Zielvorstellung des betreffenden Mitarbeiters. Planungen, die wirken sollen, müssen also gemeinsam erarbeitet werden. Dabei darf man sich ruhig in die Haare geraten – es »blitzt sozusagen« wie in Abbildung 1. Ist aber der Plan aufgestellt, dann gilt er. Dann wird nachher nicht daran herumgezweifelt, ob das wohl alles richtig war, was da geplant worden ist. Es gilt dann die konsequente und kompromißlose »Diktatur« des verabredeten Planes solange, bis der Checkpoint erreicht ist, an dem er revidiert werden kann.

»Abgemacht ist abgemacht.«

Führungsgrundsatz für die Planung

Einer der wichtigsten Grundsätze, wenn die Planung nicht nur ein technokratisches Instrument sein, sondern als ein Führungsprinzip wirken soll, besteht darin, daß jeder Vorgesetzte sich klar macht:

»Wenn ich will, daß sich jemand für einen Plan persönlich engagiert bzw. sich mit seinem Ziel identifiziert, muß ich ihn an der Aufstellung und Erarbeitung dieses Ziels oder Plans beteiligen bzw. er muß schlußendlich entscheiden in Ausübung seiner Funktion, welches Ziel er auf welchem Weg erreichen kann.«

Nach den Regeln partizipativen Managements muß der betreffende Funktionsinhaber über sein Ziel und seinen Plan entscheiden. Dieser Entscheid ist aber nicht isoliert zu sehen, sondern er ist über das Planungsgebäude mit der Gesamtzielsetzung der Unternehmung sowie den Teilzielen und Planmaßstäben der anderen Bereiche zu verknüpfen. Die Trainingsfunktion bzw. Führungsfunktion eines Managers besteht darin, daß dieser Zielsetzungs- und Planungs-Prozeß sich Zug um Zug verbessert. Die Trainerfunktion des Vorgesetzten läuft also auf eine Erziehungsfunktion hinaus nach Pestalozzi-Regel, Hilfe zur Selbsthilfe zu geben. Vor allem gilt das in der begleitend-unterstützenden Controller-Rolle.

Zielsetzung, Planung, Steuerung

Die Planung dient oft wie ein Code-Wort. Im Grunde genommen handelt es sich nicht um einen, sondern um drei Begriffe; nämlich um Zielsetzung, Planung und Steuerung. Diese drei Begriffe entsprechen der Bezeichnung »Strategische, operative und dispositive Planung« im 6. Kapitel des I. Bandes; jetzt auf Führung bezogen.

Die ZIELSETZUNG kann z. B. bestehen in einem bestimmten Umsatzwachstum etwa gegenüber dem Vorjahr, einer Steigerung des Marktanteils, in einer definierten Kapitalertragszahl (etwa 15% vor Steuern), in einem Entwicklungsziel wie z. B. Anzahl neuer Artikel im Sortiment oder auch in einer so leicht erfaßbaren Kennzahl wie dem Pro-Kopf-Umsatz als Maßstab für Rationalisierung und Wirtschaftlichkeit in Produktion und Verwaltung. Ziele müssen konkret definiert sein. »Wir müssen Kosten sparen«, ist kein Ziel, sondern ein Appell (vgl. 1. Kapitel, Band I). Vgl. Zielkennzahlen – Tableau »balanced« S. 82/83.

Die PLANUNG stellt die Wege auf, die zum gesetzten Ziel führen: also z. B. wieviel von welchen Artikeln zu welchen Preisen mit welchen Werbe-Etats in welchen Vertriebswegen und Absatzgebieten zu verkaufen ist. Dabei ist eine Rückkoppelung zwischen Zielsetzung und Planung eingebaut. Die Planung soll sicherstellen, daß die Ziele realistisch gesteckt und erreichbar sind und daß für alle Funktionen ein Weg definiert ist, den sie im Interesse des gesamten Ziels zurückzulegen haben. Andererseits muß auch einmal die Zielsetzung sich der Planung anpassen, wenn sich nämlich herausstellen sollte, daß ein anspruchsvolles Ziel auf keinem gangbaren Weg zu erreichen oder nicht so schnell zu realisieren ist. Bekommt die Planung von der Zielsetzung her ihr O.K., so ist die Planung nicht mehr allein Entwurf, sondern zur Ausführung beschlossener Fahrplan (operating budget).

In Ausführung der Planung entstehen dann durch die täglichen Ereignisse Abweichungen – günstige oder ungünstige Abweichungen. Diese Abweichungen dienen als Signal-System für die STEUERUNG. Planung und Steuerung gehören zusammen. Statt Steuerung könnte man auch sagen »Controlling«. Auch die Steuerung enthält wieder Planungsvorgänge. Deshalb wurde im Band I der Begriff dispositive Planung verwendet.

Im Grunde genommen ist es *wie bei einer Reise*. Man setzt sich ein bestimmtes Ziel, das man erreichen will; plant dann den Weg, auf dem man zum Ziel gelangen will. Dabei wäre die Strategie festzulegen – bei einer Reise etwa die Verkehrsmittel Flugzeug, Bahn oder Auto, und desgleichen könnte ein Budget der einzusetzenden Kosten oder der zur Verfügung zu stellenden Zeit aufgestellt werden. In Ausübung des zur Durchführung beschlossenen Plans gilt es dann, das Auto zu steuern; das heißt zu bremsen, Gas zu geben oder zu überholen, wie es die jeweilige Verkehrssituation, die im Detail auch nicht vorherzusehen war, jeweils erfordert.

Die Planung, nicht die Abweichung gilt als objective

Aus dieser Philosophie der Planung ergibt sich, daß die objectives in Form der Planung zu sehen sind und nicht in Höhe der herausgeholten Abweichungen. Würde man denjenigen als den »großen Mann« hinstellen, der seinen Umsatzplan beachtlich übertreffen oder der sein Kostenbudget stark unterschreiten konnte, so setzt man die Planung unter Druck. Man verleitet die Partner im Planungsgespräch dazu, zu mauern oder Reserven zu bilden. Das Umsatzbudget wird möglichst knapp aufgestellt, weil es vorteilhaft ist, nachher mehr verkauft zu haben. Das Kostenbudget wird möglichst aufgebläht, weil es günstig ist, nachher »Ersparnisse« zu dokumentieren. Man muß also deutlich darauf hinweisen und in den Planungsgrundsätzen formulieren, daß es *auf das Erreichen der Planung ankommt.* Nur auf diese Weise ist es möglich, eine ehrliche Planung mit einem echten Kompromiß zwischen fairer Leistung und Erreichbarkeit zustande zu bringen. Nur so ist auch eine Bereitschaft da, strukturell erzielte Verbesserungen durch organisatorische Umstellungen, Rationalisierung, langfristig gesicherte Einkaufserfolge, verbesserte Marktstrukturen und Gewinnung neuer Kunden in neue Planzahlen als neue Leistungsziele umzuformen. Darin ist gerade der Lernprozeß zu sehen, daß die Planziele von Periode zu Periode anspruchsvoller sein können.

»Management by objectives«

Die Planung ist das Werkzeug, um management by objectives zu praktizieren. Bei diesem Stichwort handelt es sich im Prinzip um eine Verhaltensweise des Managers. Sie besteht darin, den Mitarbeitern nicht zu sagen, WIE sie etwas zu machen haben, sondern mit ihnen zu verabreden, WAS zu erreichen ist. Geht es darum, dieses »WAS« zu definieren oder zu konkretisieren, entsteht der Prozeß der Zielsetzung und Planung. Die Planung bildet ein Werkzeug für management by objectives. Dabei versteht man unter dem amerikanischen Wort »objectives« meist beides – das Ziel und den Plan.

Die meisten objectives sind Ziele in Zahlen wie etwa Umsatzziele, Deckungsbeitragsziele, Kosteneinhaltungsziele, Terminziele, Qualitätsstandards, Mengenstandards. Diese objectives sind jeweils so zu formulieren, wie es der betreffende Fachbereich nach der gewählten Strukturorganisation verlangt. Wo »profit centers« bestehen, kann das Leistungsziel in Form eines Deckungsbeitrages II definiert werden; wo eine solche Konstruktion nicht möglich ist wie z. B. bei den Leistungs- und Kostenstellen der Produktion, müssen Leistungsziele wie Mengen-, Stunden-, Qualitätsleistungen mit einem Kostenbudget (möglichst einem flexiblen Kostenbudget) gekoppelt werden. Der Aufbau von Zielsetzung und Planung geht infolgedessen nicht ohne Einbeziehung von Zahlen und nicht ohne Zusammenarbeit mit dem Service-Bereich des Controllers als Informations- und Rechnungswesen. Vgl. „»Balanced Score Card« S. 82.

Kurz- und langfristige Planung

Manchmal hört es sich so an, als gäbe es einen Unterschied zwischen lang- und kurzfristiger Planung. Die langfristige Planung sieht dann so aus wie eine Art »Sonntagsplanung«. Es ist die *Planung der guten Vorsätze* – sinngemäß etwa wie man sich vornimmt, das Rauchen aufzugeben. Kurzfristig raucht man hingegen dauernd. So geht es oft auch in unserer Praxis bei der Planung. Langfristige Planungen pflegt man vor sich herzuschieben. Es reklamiert ja keiner, wenn eine langfristige, strategische Konzeption versäumt worden ist. Die Folge ist tägliches »management by *happening*« – das Entscheiden nach Hau-ruck, wie es gerade auf einen zukommt.

Langfristige und kurzfristige Planung ergänzen sich gegenseitig. Man könnte sagen, daß *die langfristige Planung die kurzfristige* umhüllt. So muß in der langfristigen Planung definiert werden, welche *Strategien als Wege zu einem bestimmten Ziel* eingesetzt werden sollen. So kann das Ziel, einen größeren Marktanteil zu erringen, durch die Strategie intensiver Werbung, intensiver Außendienstaktivität, intensiver Service-Funktion für die Kunden, durch breite Distribution über die Vertriebswege der Wiederverkäufer, durch eine Preissenkungs-Strategie verfolgt werden. Diese Strategien sind langfristig zu definieren. *Sie bilden eine Art Funkleitstrahl* für die kurzfristige Planung (Budget), die im Detail sagen würde, mit welchem Werbemittel-Einsatz und welchen Werbemedien innerhalb eines Jahres oder für eine Saison-Kampagne ein bestimmtes Umsatzziel erreicht werden soll.

Strategien können nicht durch Flickwerk ersetzt werden. Ist eine Strategie versäumt worden, so kann sie hinterdrein nicht mehr repariert werden. Hier ist es wie bei einer Reise. Hat man als Strategie, d. h. als Verkehrsmittel, das Auto gewählt und merkt man unterwegs, daß der Verkehr zu dicht oder das Wetter zu schlecht ist, so ist es, um das gesetzte Ziel zu erreichen, meist auch nicht mehr möglich, eine andere Strategie zu wählen, d. h. etwa auf das Flugzeug umzusteigen.

Während die langfristige Planung die kurzfristige in einen Rahmen setzt, dient die kurzfristige Planung dazu, die langfristige Planung auf dem Boden der Tatsachen zu verankern. Man muß sich das so vorstellen, daß die Planung als rollendes System funktioniert. Etwa wie eine Trompete. Vorne ist das Mundstück eng. Das ist die kurzfristige Planung – das operating budget oder der Fahrplan des unmittelbar bevorstehenden Jahres. Darüber hinaus formuliert die Fünf-Jahres-Planung die weiteren Vorstellungen und Planungen und Strategien. Zug um Zug würde nun das zweite Jahr zum Fahrplan oder Budget gemacht, während das dann jeweils von jetzt ab sechste Jahr als Verlängerung der Planungstrompete dient. Daß diese Trompete sich nach außen hin weitet, ist daraus zu erklären, daß die Planungen auf fünf Jahre hinaus mit größeren Toleranzen zu versehen sind als die Planungen, die den unmittelbar bevorstehenden Zeitraum betreffen. Vgl. Abb. 26, Band I, Seite 137.

Planung und Prognose

P r o g n o s e n   s i n d   V o r h e r s a g e n. Sie kennzeichnen den Gang der Dinge oder den Strom der Verhältnisse, in den eine Unternehmung hineingestellt ist. Prognosen betreffen die Entwicklung in der Bevölkerung, politische Entwicklungen, rechtliche Konstruktionen, Entwicklungen in der Energiewirtschaft, allgemeine technologische Entwicklungen, die Entwicklung des Volkseinkommens, die Verläufe der Konjunkturen. Prognosen bei solchen Daten kennzeichnen das Bett, in dem der Planungsstrom nachher fließt. Aber die Prognosen sind noch nicht selbst die Planung. Die Planung besteht zum Unterschied zu einer Prognose in einer Absichtserklärung – in einer Zielsetzung, in einer Strategie zu diesem Ziel, in der Planung von Maßnahmen, die eine Unternehmung einsetzt, um ihr gestecktes Ziel zu verwirklichen. Planung ist das, was eine Firma tut, um ihren Markt zu gestalten im Rahmen des Trends auf den Märkten, die von den Prognosen signalisiert werden. Pläne sind Entscheidungen.

Am einfachsten kann man das illustrieren am Vorgang der Umsatzplanung. Wer seine Umsatzplanung in der Weise betreibt, daß er als neuen Plan das letzte Jahr nimmt und 10% dazufügt, macht Prognosen. Die Prognosen sind im Grunde genommen nichts anderes als eine Verlängerung des Trends einer Umsatzentwicklung aus der Vergangenheit heraus in die Zukunft. Wesentlich ist die Erkenntnis, *daß auch sämtliche mathematisch-statistischen Berechnungen zur Verbesserung der Prognosen und zur Erreichung einer größeren Vorhersagegenauigkeit immer noch im Bereich der Prognosen bleiben!* Z. B. geht es darum, in einer Umsatzentwicklung der letzten Jahre eine Gesetzmäßigkeit zu erkennen, also ein bestimmtes Wachstums-Modell zu entdecken. Würde man dieses Modell definieren können, bestünde eine größere Sicherheit bei der aufzustellenden Prognose. Aber Vorhersage-Modelle, die unter Einsatz mathematisch-statistischer Methoden, oft auch mit Hilfe der elektronischen Datenverarbeitung, aufgestellt werden, bieten keinen Ersatz für eine echte Planung (sie werden nur oft als Ersatz dafür genommen, weil es bequem ist).

Das erweist sich deutlich durch die Überlegung, daß der Umsatzplan nicht nur eine Vorhersage in DM Umsatz aus dem letzten Jahr heraus sein kann, sondern daß der Umsatzplan segmentiert aufzubauen ist aus Planung von Verkaufspreis und Stückzahl (Planung einer Nachfragefunktion), Planung des Einsatzes von »promotion«, Planung der Vertriebskanäle und Absatzgebiete. Durch strategische Maßnahmen auf diesen Sektoren wird eine Umsatzentwicklung neu gestaltet. Folglich kann sie nicht einfach aus der Vergangenheit heraus verlängert oder im Sinne bloßer Zukunftserwartungen formuliert werden. Aber die Prognosen helfen der Planung im Sinne des Dosierens beim Gasgeben.

Prognosen müssen z. B. signalisieren, ob jetzt eine enge Kurve kommt, in der Gas zurückzunehmen ist, oder ob es sich um einen offenen Markt handelt, der Vollgas verträgt. Ob Gas gegeben werden soll und wieviel effektiv, bestimmt die Planung. Die Prognosen haben also oft für den Manager *die Funktion des Fahrens mit Fernlicht*. Aber sie ersetzen ihm weder die Planung noch seine Aufgabe der Steuerung seines Management-Fahrzeugs mit Entscheidungen. Entscheidungsfindung ist Planung. Über gestern kann nicht entschieden werden.

Planungsbegriffe

In Verbindung mit der Unternehmensplanung treten eine Reihe von Begriffen auf, die zum Teil von verschiedenen Fachleuten unterschiedlich interpretiert werden. Deshalb folgt eine Definition der wesentlichen Planungsbegriffe:

Leitbild *Vision* *Strategic intent*	Leitbild ist die langfristige Firmen-Philosophie. Als was ist unsere Unternehmung angetreten auf dem Markt? Was ist unser Daseins-Zweck und welches Image hat die Unternehmung – ist sie eine Firma, die für den anspruchsvollen Bedarf Qualität liefert oder ist sie ein Unternehmen, das den breiten Markt mit preisgünstigen Artikeln versorgt? Wie paßt das, was wir tun, in unsere Umwelt? Aus Leitbild folgt Identität.
Ziel	Ein konkret zu erreichendes Ziel, z. B. die Erhöhung eines Marktanteils um 10% oder die

Senkung der Fertigungskosten in einem bestimmten Zeitraum um 2%.

Strategie Wege, die eingeschlagen werden, um ein Ziel zu erreichen – Erarbeiten eines Wettbewerbsvorteils; z.B. die Erhöhung des Marktanteils durch eine Werbestrategie oder Distributions-Strategie oder durch »Tiefflugpreise«.

Prämisse Verhaltensvoraussetzungen – sozusagen gewünschte Strategien – bei anderen wie Konkurrenten, öffentliche Körperschaften. Prämissen können sein, daß die Konkurrenz kein neues Substituts-Produkt bringt, daß eine neue Technologie nicht einsetzt, daß eine Währung nicht aufgewertet wird. Erarbeiten eines »competitive advantage« enthält stets die Prämisse, daß es die anderen nicht auch machen; sonst kein »advantage«.

Funktion Die Aufgabe, die ein bestimmter Bereich auszuführen hat. Eine Funktion ist, was man tut. Ein Ziel hingegen drückt aus, was man bei dem, was man tut, erreicht. Sinngemäß wie bei den Zielen gibt es auch bei den Aufgaben Oberaufgaben und Unteraufgaben. Analog wie Oberziele und Unterziele. Im »Blitzbild« der Abbildung 1 wäre der obere Kreis eine Oberaufgabe samt Oberziel; der untere Kreis eine Unteraufgabe mit Unterziel. Letzteres steckt in ersterem »drin«. Zur Aufgabe gehört die Kompetenz. Daraus folgt die Funktions- oder Stellenbeschreibung.

Maßnahme **Maßnahmen sind die konkreten Aktionen, Projekte und einzelnen Entscheidungen, die in Ausübung einer Funktion im Rahmen einer Planung zu realisieren sind – für den Umsatzplan etwa**

die Verkaufstouren und Besuchsplanungen für die Außendienstmitarbeiter bzw. für den Werbeleiter die Bestimmung der einzelnen Werbemaßnahmen wie die Medien, die Werbeargumente usw.

Budget

Das Budget ist der Betrag an Mitteln, der zur Bewältigung einer bestimmten Funktion und Ausführung einzelner Maßnahmen im Rahmen der Gesamtplanung verfügbar ist – das Vertriebskosten-Budget, das Werbe-Budget, das Forschungs-Budget.
Das Wort Budget wird allerdings auch im Sinne der gesamten Planungsrechnung gebraucht. Man spricht oft vom »Budget-System« und meint damit die Verknüpfung der einzelnen Planungsrechnungen – Umsatzbudget, Kostenbudget, Finanzbudget etc.

Standards of performance

Standards of performance sind Leistungskennzahlen, die mit einem meist fix festgesetzten Kosten-Budget für eine Funktion und die Ausübung ihrer Aktionen und Maßnahmen aufgestellt werden. Von »Standards of performance« spricht man, wenn die Leistungskennzahlen *einzelner* Mitarbeiter gemeint sind, während Planungen und Budgets eher eine Abteilung betreffen. So würde ein Verkaufsleiter für ein bestimmtes Verkaufsgebiet innerhalb der Unternehmensplanung sein Umsatzziel haben bzw. sein Ziel an Deckungsbeiträgen II (Umsatzerlöse ./. Erlösschmälerungen ./. Standard-Grenzkosten der Herstellung ./. eigene fixe Kosten für seinen Bereich), während die einzelnen Mitarbeiter dieses Verkaufsleiters einzelne standards of performance als Leistungskennzahlen hätten wie etwa Zahl der Besuche pro Tag, Umsatz pro Tag, Zahl der gewonnenen neuen Kunden.

Planungsgebäude: Einstieg und Engpaß

Die gesamte Unternehmensplanung stellt sich dar als Verknüpfung der einzelnen Planungsbausteine wie Marktplan, Produktionsplan, Lagerpläne als Puffer, Beschaffungspläne für Material, Mitarbeiter, Anlagen-Gegenstände, Patente und Know-How, Kredite; wie Forschungsplan, Finanzplan sowie Gewinnplan. In diesem Planungsgebäude wird einer der Teilpläne oft den Engpaßcharakter haben. So könnte eine dominierende Begrenzung im Personalplan liegen nach Quantität und Qualität der benötigten Mitarbeiter oder im Finanzplan (etwa ausgehend von der Strategie bzw. dem Leitbild, daß die Firma selbständig bleiben soll). Ein solcher Plan mit Engpaßcharakter würde bedingen, daß eine schnelle Rückkoppelung innerhalb des Planungsgebäudes durchgeführt wird. Notfalls muß im Absatzplan oder im Produktionsplan reduziert werden, wenn aus personellen oder finanziellen Gründen die Expansion im möglichen Maße nicht durchgeführt werden soll. Diese Überlegung würde wieder zur Frage führen, ob die Verkaufs-Preise strategiekonform festgelegt sind. Unabhängig von der Funktion des Planungs-Engpasses ist aber der Einstieg in das Planungsgebäude zu wählen, der in der Regel beim Marktplan zu sehen ist, weil die Unternehmung auf dem Markt für ihre Kunden eine Leistung erbringen soll.

Planung ist kein sequentieller Vorgang

Bei der Planung kann man nicht einfach Schritt für Schritt der Reihe nach vorgehen. Zwischen den einzelnen Planungen sind ständig Rückkoppelungen durchzuführen. Planung ist also kein sequentieller, sondern ein simultaner Prozeß. Aus diesem Grunde ist es so unbedingt wichtig, daß für die Planung eine Zusammenarbeit organisiert wird, bei der man schnell die Planungsbälle gegenseitig zuspielen kann. Planung bedarf also der Team-Arbeit. Zumal es bis heute nicht gelungen ist, ein Planungssystem zu erfinden, das selber zwangsläufig dafür sorgen würde, daß alle Teilpläne untereinander abgestimmt sind, oder das die Planfortschreibung ähnlich kanalisieren würde, wie es die doppelte Buchführung für Ist-Informationen mechanisch leistet. Vielleicht – da Planung nicht nur eine Zahlenplanung ist, sondern Zielsetzungen und Strategien und Maßnahmen einbezieht – ist es gar nicht möglich, ein Planungssystem zu finden, das genau so sicher abstimmt, wie es die Buchhaltung mit ihren Konten macht.

Um so wichtiger ist also, daß die einzelnen Planungspartner sich zusammensetzen. Um so wichtiger sind aber auch die Spielregeln für die Team-Arbeit – vor allem die Spielregeln im Sinne eines nicht-hierarchischen oder partizipativen Entscheidungsprozesses, die darin bestehen, daß im *Prinzip jeder entscheidet, soweit er derjenige ist, der das Team zum jeweils gewünschten Erfolg führt.*

Wer soll planen?

Jeder, der eine Linienfunktion ausübt. Planungsträger ist im Grunde genommen der Linien-Chef. Gewiß wird jeder Bereich – etwa der Verkauf, die Produktion, die Beschaffungs-Seite oder bei einer Sparten-Organisation jeder einzelne Divisions-Chef – sich der Planungsfachleute bedienen. Aber *das Commitment in der Planung muß der Funktionsinhaber selbst treffen.* Im Planungs-Ausschuß, vor allem aber in der Planungsrunde, in der es um das letzte Wort geht, um das O. K. der Planung im Vergleich zu den gesetzten Zielen, muß er demnach selbst vertreten sein. Es hat keinen Sinn, wenn die obersten Leitungs-Organe die Planung nicht als für sich selber verpflichtend, sondern nur als ein Lenkungs-Instrument für nachgeordnete Instanzen ansehen. Planung betrifft jeden in der Hierarchie.

Der jeweils oberste Funktions-Chef legt mit seinem Commitment nachher die nachgeordneten Commitments seiner Bereiche fest. Die Verkaufsdirektion übernimmt ein Umsatzziel. Dieses Umsatzziel muß innerhalb des Verkaufsbereichs zu einzelnen Zielen für Verkaufsleitungen, Verkaufsgruppen und einzelne Außendienst-Mitarbeiter umgeformt werden. Damit diese Commitments in der Planung nicht über das Mögliche hinausgehen, besteht der Planungs-Prozeß einmal in einem Sammeln von Planwerten von »unten her« und dem Zusammenbündeln dieser Planentwürfe nach oben sowie andererseits in einer Anspannung des Planungsgebäudes von den Zielen her – für die einzelnen Bereiche alsdann von oben nach unten.

Für ein Zusammenspiel in diesem Sinne müssen diejenigen sorgen, die mit der Service-Funktion für die Planung betraut sind – es möge der Controller-Bereich sein oder eine Planungsabteilung. Die Planungsabteilungen planen also nicht anstelle von Verkauf, Produktion und Einkauf, sondern sie *sorgen dafür*, daß jeder Management-Bereich plant, daß die Planungen miteinander verknüpft sind sowie den gesetzten Zielen entsprechen und daß jeder seine Maßstäbe kennt; also definiert bekommt, was er im Rahmen des gesamten Planungsgebäudes beizutragen hat. Planungsabteilung bzw. Controller sind also »Produkt-Manager für die Planung«. Sie sind *Planverkäufer* in dem Sinne, daß sie für die Planung Überzeugungsarbeit leisten.

Planungsfahrplan

Für die einzelnen Planungen sollte ein Terminkalender aufgestellt werden, damit jeder weiß, was er bis wann zur Planung beitragen muß. Dieser Terminkalender könnte im Prinzip aussehen wie in Abbildung 2.

Die Planungs-Phase erstreckt sich in diesem Beispiel von Mitte März bis Ende Oktober, wobei die Maßnahmepläne für das kommende Jahr noch bis Mitte Dezember reichen. Zu Beginn des Jahres wird zwischen Mitte Januar und Ende März zuerst an der Fünf-Jahres-Planung gearbeitet, wobei in dieser Fünf-Jahres-Planung das Budget des laufenden Jahres das Jahr Minus 1 darstellt. Die Planungsstrecke für das kommende Jahr ist zerlegt in drei Abschnitte: Planungsentwürfe – Pla-

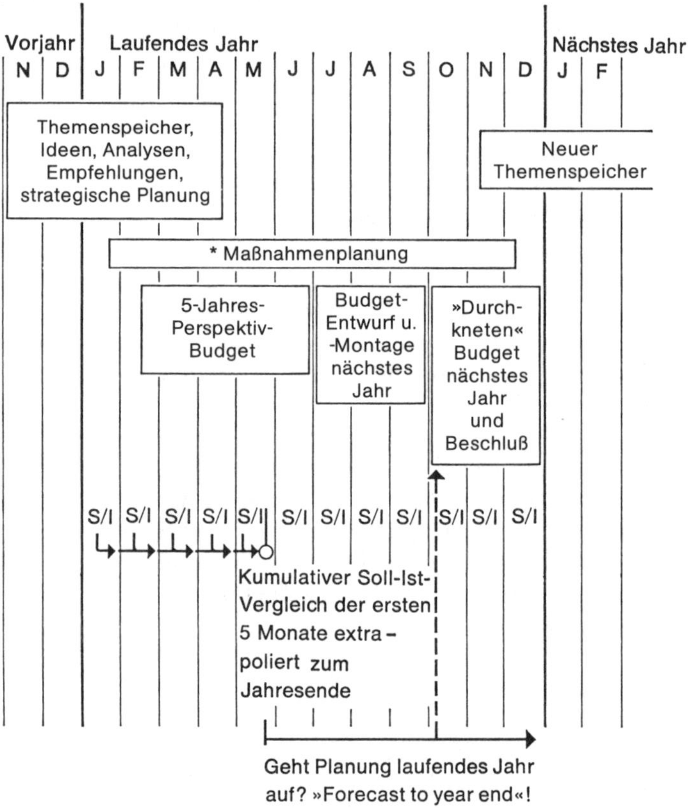

* Maßnahmeplanung: Aus 5-Jahres-Planung heraus z. B. Investitions- und Personalsuche-Maßnahmen; aus der Planung des ersten = nächsten Jahres heraus z. B. Aktionspläne des Verkaufs (Auftragseingangsplanung), Werbeaktionspläne, Finanzverhandlungspläne, sowie dispositive Korrekturzündungen.

Abb. 2: Planungs-»Fahrplan«

n u n g s k o o r d i n a t i o n – *Planungsbeschluß.* Abbildung 2 bringt im unteren Teil die monatlichen Soll-Ist-Vergleiche und die *Erwartungsrechnung* zum Ende Jahr. Vermerkt ist als Hauptberichtstermin für die Erwartungsrechnung der 31. Mai. Eine erste Hochrechnung empfiehlt sich nach dem ersten Quartal und eine nachfassende (»rolling forecast«) zum 30. 9. Oder in turbulenter Zeit ist eben eine solche Hochrechnung monatlich zu machen – vor allem auf leicht faßbare Größen wie etwa den Auftragseingang. Aus den Soll-Ist-Vergleichen folgen Korrekturzündungen, die auch wieder in den Maßnahmenbalken einmünden.

Im oberen Teil der Abbildung 2 startet die Planung erst einmal mit dem Themenspeicher, der sich beim Verabschieden des Budgets für das laufende Jahr ergeben hat. Dazu kommen Ideen, Analysen und Empfehlungen, die *als Projekte* (Problemlösungsteam) *für die Strategieklausur* vorzubereiten sind. Etwa in der Woche vor oder nach Ostern wäre die strategische Grundsatztagung »fällig«. Begleitend zu ihr und flankiert durch Maßnahmen kommt das *5-Jahres-Perspektivbudget.* Aus dem Perspektivbudget kommen Orientierungsdaten (z. B. als Planungsbrief) »top down« für den Jahreswirtschaftsplan – den Budgetfahrplan des kommenden Jahres. Dieser ist in den 3 Abteilungen Entwurf/Kneten/Beschluß zu erarbeiten. In dem Moment, in dem die Budgets »abgesegnet« sind, weil sie zum Beispiel das ROI-Ziel erfüllen und die Finanzregeln in der Bilanzstruktur einhalten, *sind mit den Budgets auch die Ziele definiert,* die den jeweiligen Aufgabenträger betreffen: Für Verkaufsaufgaben vielleicht die Deckungsbeitragsziele; für Produktionsaufgaben die Ziele der Kosteneinhaltung nach Stunden und Materialmengen, für Einkaufsfunktionen die Einkaufspreise, für jedes Ressort die Strukturkosten und dazu Standards of Performance.

Die Rolle des Controllers als Problemlöser und Spannungsfeldlöser

Controlling im engeren Sinn startet mit dem Vergleich von Plan und Ist. Es ist die Ortsbestimmung. Kennzeichnend dafür ist das Orientierungsbild in Abbildung 2 a.

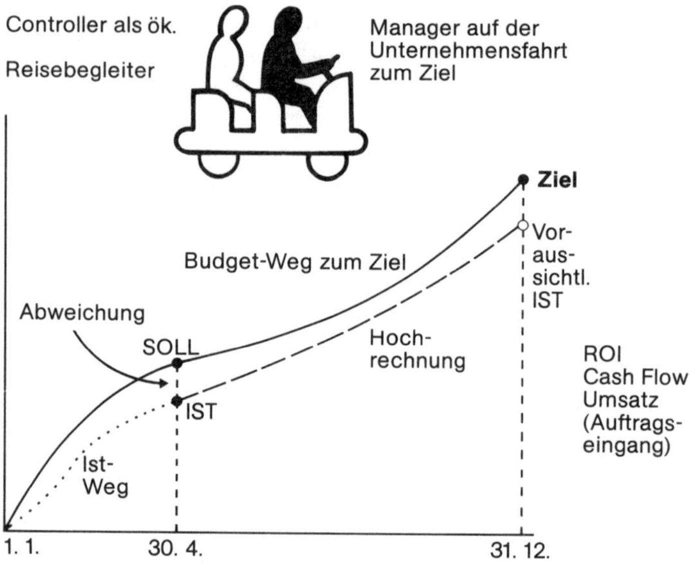

Abb. 2 a: Controlling-»Aha«-Berichtsbild

Jetzt kann man bei einer Abweichung, vor allem bei einer ungünstigen Abweichung wie in Abbildung 2 a, in doppelter Weise fragen. Die eine, gewohnte Frage heißt: »Warum bloß so wenig verkauft?« Diese – logisch richtige – Frage ist aber psychologisch nicht so motivierend, weil sie den so Angesprochenen in das Gefühl bringt, daß er sich jetzt rechtfertigen soll. Also passiert erst einmal das, was man auch »to beat the system« nennt: Man sagt, daß die Planung nicht stimme oder die Ist-Zahlen falsch seien oder wünscht sich irgendeine Abgrenzung über Aufwandsausgleichskonten oder eine andere saisonale Periodisierung der Umsatz-Sollgrößen.

Der so Fragende mit dem Warum hat den Eindruck, daß der andere sich rechtfertigt, Ausreden benutzt oder einfach auf höhere Gewalt verweist (besonders beliebt ist der Wetterbericht). Also fragt man noch energischer »warum« und noch mehr Ausweichendes gibt es zu hören. So entsteht eine Verhaltenskette.

ERGEBNISSE/KOSTEN		INFORMATIONEN PER MONAT (KUMULIERT)					ERWARTUNG ZUM 31. 12.				Abw. voraussichtl. Ist z. Jahresplan TDM
Nr.	Produkte	PLAN per... DM	SOLL	IST per...	Abweichung zum Plan/Soll		JAHRES-PLAN	Erwartung nächstes Quartal	Erwartung restl. Zeit	Vorauss. Ist Ende TDM	
					TDM	%					
1	Absatz										
2	Umsatz										
3	DB I										
4	DB II										
5	DB III										
Nr.	Kostenarten	PLAN	SOLL	IST	Abweichungen zum Plan		JAHRES-PLAN	Erwartung nächstes Quartal	Erwartung restl.	Vorauss. Ist	Angekündigte Abweichung
					TDM	%					
1	Personalkosten										
2	Sachkosten										
Nr.	Bestände	PLAN		IST	Über-/Unterschreitung		JAHRES-PLAN	Erwartung nächstes Quartal	Erwartung restl.	Vorauss. EB	Plan-Über-/Unterschrtg.
					TDM	%					
1	Läger										
2	Debitoren										
3	Anlagen										

SACHVERHALTE (in Stichworten) = ANAMNESE & DIAGNOSE	MASSNAHMEN (in Stichworten) = THERAPIE	Zuständig	Termin
	Themenspeicher		

Abb. 2 b: Controller's Soll-Ist-Formular mit Erwartungsrechnung Formular »4 Fenster« – vgl. auch Abb. 27 Band II.

Psychologisch richtig wäre es zu fragen, wie es jetzt weitergeht. Kommen wir noch hin mit dem Umsatzziel bis Ende Jahr, wieviel Kosten sind noch nötig bis zum Ausschöpfen des Jahres-Etats? Ist der Termin noch zu schaffen? Dieses »Need-to-complete« (reste à faire) gilt es zu bewältigen. Es ist das Fahren mit dem Blick durch die Frontscheibe anstatt in den Rückspiegel.

Der Controller-Interviewer hat einmal die Problemlöser-Rolle. Hier gilt die Reihenfolge wie in der Medizin: Anamnese (wo tut's weh, wo ist die Abweichung); Diagnose (warum tut es weh, Analyse, Ergründen der Ursachen); Therapie (man nehme oder lasse 3mal täglich . . .). Sicher ist es so, daß eine Therapie nur korrekt verordnet werden kann, wenn die Diagnose sitzt. Also muß erst »Warum passiert?« gefragt werden, bevor überlegt werden kann, wie es weitergeht. *Das ist logisch korrekt.*

Aber der Controller hat noch die Rolle des Spannungsfeldlösers. Soweit ist betriebswirtschaftliche Meß- und Regeltechnik zugleich ein Führungsthema. Überzeugender wirkt die Frage, wie es jetzt weitergeht. Dieses zwingt zur Handlung, erzeugt Nachdenklichkeit und schafft eine bessere Atmosphäre für wirksames Controlling.

Aber eine Antwort auf »Wie geht es weiter« muß notiert werden. Auch die Therapie wirkt auf einem Rezeptblock. Als gesprächsbegleitendes Protokoll empfiehlt sich das Soll-Ist-Vergleichsformular der Abbildung 2b. Es bringt im oberen Teil die Zahlen aus Ergebnisrechnung, Kostenstellenrechnung und Beständerechnung. Diese Zahlen wären projektorientiert zusammengestellt so, wie sie relevant sind. Links oben steht der Plan-Ist-Vergleich per Ende des laufenden Monats (year to date). Rechts steht vermerkt das Jahresbudget (Jahresziel).

Vor allem soll aber hier die *Erwartungsrechnung* notiert und das *voraussichtliche Ist* zum Jahresende angegeben werden (Ankündigung voraussichtlich früheren oder späteren Eintreffens wie bei einer Reise auch).

Im unteren Teil steht der Kommentar: Links unten die Diagnose, rechts unten die Therapie. Als gesprächsbegleitendes, themenzentriertes Interaktionspapier wäre dieses Formular wie eine programmierte Unterweisung rechts zu beginnen mit der Frage: Was soll jetzt notiert werden, wie viel Umsatz oder Absatz noch erreichbar ist und wieviel Kosten (cost to completion) noch nötig sein werden. Begleitend dazu sind die Maßnahmen zu vermerken mit Zuständigkeit und Termin. Die Diagnose der Gründe wäre von da aus als Maßnahmenuntermauerung zu untersuchen – und natürlich ist klar, daß das Gespräch nicht zu Ende sein kann, bevor der linke untere Teil nicht auch ausgefüllt ist.

Lesen würde man das ausgefüllte Formular im gegenläufigen Sinn zum Uhrzeiger – also in der logischen Reihenfolge. Links oben Anamnese, links unten Diagnose, rechts unten Therapie, rechts oben Therapiekonsequenz nach heutiger Einschätzung. Erarbeitet worden ist das Formular aber im Uhrzeigersinn rechts oben und rechts unten – psychologische Gesprächspriorität.

Merkregeln für Controller's Tischmanieren

Keine Wieso-bloß-Fragen stellen, sondern die Wie-geht-es-weiter-Perspektive schrittmacherisch vertreten. Sich möglichst neben denjenigen setzen, den man überzeugen will. Das »Gegenüber« fördert oft unbeabsichtigt die Con-frontation. Nebeneinander gelingt leichter die planungs- und steuerungsproblemlösungsorientierte Suche nach der (sachlichen) Wahrheit. Schrittmacher dafür ist übrigens der Bildschirm. EDV wirkt somit kommunikationsfördernd. »Am Bildschirm im Bilde sein.« Vgl. das Project-Controlling-Worksheet auf S. 8.

Oft kommt im Text »er« vor – er, der Chef, der Controller, der Mitarbeiter. Gemeint ist immer auch »sie« – die Chefin, die Controllerin, die Mitarbeiterin.

Vgl. „Anhang 2000" zum 12. Kapitel

9. Kapitel

Controlling durch Soll-Ist-Vergleich

Der Controller ist kein Kontrolleur, sondern *er sorgt dafür, daß jeder sich selber kontrollieren kann im Hinblick auf die Einhaltung der von der Geschäftsleitung gesetzten Ziele; insbesondere das Gewinnziel.*

Voraussetzung einer wirksamen Controller-Funktion ist deshalb, *daß geplant wird.* Aus der Planung heraus stammen die *Maßstäbe,* denen gegenüber die Selbstkontrolle der einzelnen Bereiche, Abteilungen und Mitarbeiter in Form von Soll-Ist-Vergleichen erst möglich wird. Die Unternehmensplanung muß – wie es im I. Band beschrieben worden ist – gewährleisten, daß die einzelnen Planziele oder Objectives mit der Gesamtzielsetzung der Unternehmung koordiniert sind. Die Unternehmens-Zielsetzung, die sich in Form von Kennzahlen wie Kapitalertrag, Umsatzwachstumsgrad, Marktanteil-Steigerungsrate oder Pro-Kopf-Umsatz (vgl. 1. Kapitel, Band I) ausdrückt, muß über die Planung oder Budgetierung zu Ersatzmaßstäben für die einzelnen Funktionen umgeformt werden. Man muß sich das vorstellen wie eine Art *Zielsetzungs-Kaskade,* die sich von oben nach unten immer mehr ins Detail verästelt.

Die Unternehmensplanung hatte aber andererseits – gestützt auf Daten aus Marktforschung und Prognoserechnung – auch sicherzustellen, daß die von der Geschäftsleitung gesetzten Ziele sowie (in der langfristigen Planung) das »autoritär« formulierte Leitbild für die Unternehmung tatsächlich realisierbar sind und nicht bloß in den Wolken stehen. Zu den Spielregeln des partizipativen Führungsstils gehört ferner, daß den einzelnen agierenden Mitarbeitern ihre Planziele nicht durch den Controller einfach »auf's Auge gedrückt« werden, sondern daß die Planungen und Objectives mit denjenigen, die sie verwirklichen und als den eigenen »Fahrplan« anerkennen sollen, gemeinsam erarbeitet worden sind. Nur so sind Herausforderung zu einer Leistung, wie sie die Planung aufstellt, und Realisierung durch Motivation und persönliches Engagement in Einklang.

Diese Voraussetzungen bilden das Fundament des »Controlling«, das im Soll-Ist-Vergleich besteht – im Vergleich dessen, was sich ereignet hat bzw. zustande gebracht worden ist mit dem, was sich gemäß Planung hätte verwirklichen sollen. Dabei entsteht ein »lernendes System«. Die Planzahlen haben Richtwert-Charakter für die Istzahlen; die Istzahlen bilden den Prüfstein auch für die Planzahlen im Hinblick darauf, ob sie praktisch erfüllbar sind.

Soll-Ist-Vergleich bei Umsatz, Deckungsbeiträgen und Vertriebskosten im Profit Center

Das Beispiel in Abbildung 3 schildert vereinfacht einen Soll-Vergleich bei Umsätzen, Deckungsbeiträgen und direkten Strukturkosten bei einem Profit Center, das hier nicht als eine Geschäftssparte, sondern als eine regionale Verkaufsabteilung zu verstehen ist. Strukturkosten (neues Wort) statt »Fixkosten«.

Diese Verkaufsabteilung (Verkaufsbüro) vertreibt drei Artikel in einem bestimmten Gebiet. Der monatliche Planumsatz belief sich auf DM 157 000,–. Der geplante Deckungsbeitrag II (vgl. die Ausführungen im I. Band, Seite 60) beläuft sich im Monat auf 31 500,–. Die direkten Fixkosten, die im Budget auf 20 000,– ausgelegt sind, bestehen aus Gehältern plus Sozialkosten in diesem Verkaufsbüro, den Reisekosten der Verkäufer, den Bürospesen, speziell disponierten Werbe- und Verkaufsförderungskosten, den Kosten eines zum Büro vielleicht gehörenden Auslieferungslagers. Würde der Verkaufsleiter hier nicht die Funktion des PC-Chefs haben und wäre sein Objective deshalb mithin nur die Höhe des Umsatzes, so stünde er »groß da«. Sein

Umsatz ist um 17% von 157 000,– im Plan auf 184 000,– gestiegen. Im »standard of performance« des Profit-Center-Chefs – nämlich im Deckungsbeitrag II – sieht die Sache dagegen nicht so günstig aus. Die Summe der Deckungsbeiträge I ist von 51 500,– auf 53 000,– zwar auch gestiegen; aber schon erheblich langsamer als der Umsatz. Da ferner auch die Kosten um 3000,– im Abrechnungsmonat »davongelaufen« sind, fällt der Deckungsbeitrag II gegenüber dem Plan um 1500,– ab.

Übrigens sind in dieser Darstellung die Grenzkosten des Umsatzes als Standard-Sätze angegeben. Das ist für den Soll-Ist-Vergleich als ein Führungs- und Verantwortungsinstrument auch deshalb wichtig, weil *durch den Standard bei den Grenzherstellkosten die Einflüsse der Produktion und des Einkaufs auf die Kosten vom Verkauf abgegrenzt sind.* Wäre das nicht der Fall und würde man also Kostenabweichungen der Produktion für höheren Ausschuß, höhere Reparaturen oder Energiever-

	Summe Plan	Summe Ist	Artikel 1 Plan	Artikel 1 Ist	Artikel 2 Plan	Artikel 2 Ist	Artikel 3 Plan	Artikel 3 Ist
Absatz in Einheiten			300	600	400	400	500	400
Verkaufspreis			150,-	140,-	30,-	30,-	200,-	220,-
Standard-Grenzkosten/Produktkosten je Einheit			125,-	125,-	20,-	20,-	120,-	120,-
Umsatzerlöse	157 000	184 000	45 000	84 000	12 000	12 000	100 000	88 000
Standard-Grenzkosten (Proko) des Umsatzes	105 500	131 000	37 500	75 000	8 000	8 000	60 000	48 000
Deckungsbeiträge I	51 500	53 000	7 500	9 000	4 000	4 000	40 000	40 000
DBU	32,8%	28,8%						
Direkte Strukturkosten	20 000	23 000						
Deckungsbeiträge II	31 500	30 000						

Abb. 3: Soll/Ist-Vergleich bei Umsatz, Deckungsbeiträgen und Vertriebskosten im Profit-Center

bräuche auf die Erzeugnisse und damit in den Verkauf hinein in einer »Kostenträgerrechnung« weiterwälzen, so würde der Verkaufs-Chef immer darauf ausweichen können, daß er nicht viel zustande bringen kann, nachdem die Produktion so schlecht wirtschaftet. »Grenzkosten« (seither) = Produktkosten (neu).

Die Abweichung im Deckungsbeitrag II könnte im Falle des Betrags 1500,– je Monat noch innerhalb der Toleranzen liegen, um die der Verkaufsleiter sich nicht kümmert. Abweichungen sollen aber Alarmsignale setzen und Anlaß sein für die Einleitung von Verbesserungsmaßnahmen. Deshalb ist es oft notwendig, eine solche saldierte Abweichung in ihre Komponenten zu zerlegen. Detaillierte Schwellenwerte nach DM und Prozent.

Hier ergibt sich deshalb für den Controller eine Aufgabe im Sinne eines *situationellen, fallbezogenen Kundendienstes.* Die Abweichung von 1500,– im Gewinnbeitrag dieses Profit Centers besagt nämlich nicht soviel wie ihre Komponenten. Eine dieser Komponenten springt unmittelbar ins Auge, nämlich die Kostenabweichung von 3000,– ungünstig. Um hier Ansatzpunkte für eine verbesserte Steuerung zu erhalten, wäre das Soll-Ist-Kostenvergleichsblatt heranzuziehen, aus dem sich ergibt, welche Kostenarten hauptsächlich zu dieser Abweichung beigetragen haben.

Von der Abweichung im Deckungsbeitrag II von 1500,– ungünstig gehen also 3000,– ungünstig auf das Konto der Vertriebskosten. Die Deckungsbeiträge aus dem Umsatz stehen folglich – wie es auch die Liste zeigt – um 1500,– über dem Plansoll. Hier könnte sich der Verkaufsleiter zufrieden geben. Besser wäre aber, er würde sich fragen, ob nicht noch mehr als 1500,– über Plansoll hätten erzielt werden können. Hier erweist sich jetzt als vorteilhaft die *Dolmetscherfunktion des Controller-Bereichs*; denn die Abweichung von 1500,– muß noch in drei Komponenten zerlegt werden, nämlich

– *Verkaufspreisabweichung*
– *Sortimentsabweichung*
– *Volumenabweichung.*

Im Beispiel ist dazu folgende Rechnung durchzuführen:

	Umsatz zu Istpreisen	184 000,–	
./.	Umsatz zu Planpreisen	182 000,–	
	= *Verkaufspreisabweichung*	2 000,–	günstig
	Ist-Deckungsbeiträge	53 000,–	
./.	Verkaufspreisabweichung	2 000,–	
	= bereinigte Ist-Deckungsbeiträge	51 000,–	
./.	geplanter durchschnittlicher Deckungsbeitrag auf den Ist-Umsatz zu Planpreisen (0,328 · 182 000)	59 696,–	
	= *Sortimentsabweichung*	8 696,–	ungünstig
./.	Geplantes Deckungsbeitragsvolumen	51 500,–	
	= *Volumenabweichung*	8 196,–	günstig

Per Saldo ergeben sich also:

	günstig	*ungünstig*
Volumen	8 196,–	
Kosten		3 000,–
Verkaufspreis	2 000,–	
Sortiment		8 696,–
Zusammen	10 196,–	11 696,–
Saldo	1 500,–	

Die ungünstige Abweichung von 1500,– setzt sich also aus vier Komponenten zusammen, die teils günstig, teils ungünstig gewirkt haben. Jede dieser Komponenten ist für sich genommen groß genug, daß sie die Aufmerksamkeit des Managers beanspruchen und als deutliches Signal für neue Steuerungsmaßnahmen verstanden werden kann; während die saldierte Abweichung als Betrag vielleicht noch innerhalb der Management-Toleranz liegen mag, bei der die »Exception«-Situation noch nicht aufgetreten ist.

Deutlich wird in diesem Beispiel auch der *individuelle Service des Controllers.* Diese Abweichungsanalyse ist fallorientiert durchzuführen, weil sie Informationen enthält in der Art »was wäre erreicht worden, wenn ...«. Solche Zahlenwerte springen nicht aus dem regulären Soll-Ist-Vergleich einfach heraus. Es sind Alternativrechnungen, die aus wirtschaftlichen Gründen häufig nicht über die Datenverarbeitung angeliefert werden, sondern als Sonder- und Ergänzungsrechnung zu entwickeln sind, wo es interessant ist.

Graphischer Soll-Ist-Vergleich für ein Profit Center

Die folgende Darstellung Nr. 4 bietet einen graphischen Soll-Ist-Vergleich. Für viele Manager ist nämlich ein Diagramm aussagefähiger als eine Zahlenaufstellung. Zumindest bewährt es sich zumeist recht gut, wenn man die Zahlenliste mit einem graphischen Bild koppelt.

Natürlich kann ein Diagramm nicht schon alle Aussagen bieten. Um nachher differenzierte Schlußfolgerungen zu erarbeiten und neue Entscheidungen vorzubereiten, müssen die Zahlenaufstellungen im Detail herangezogen werden. Aber ein Diagramm soll Aufmerksamkeit dafür wecken – es hat für den Controller Verkaufsförderungsfunktion. Auch der Controller muß nämlich als Verkäufer für Zahlen tätig sein. Er braucht dazu so etwas wie Marktforschung über das, was die Empfänger haben wollen. Und er muß Verpackungsprobleme auch für Zahlen lösen. Ausschlaggebend für den Erfolg des Controllers ist es, daß er *empfängerorientiert* und nicht absenderorientiert arbeitet; d. h. sich auf den »Stuhl« seiner Kunden setzt und die Zahlenlisten einmal von deren Warte statt allein von seiner aus sieht.

Die durchgezogene Linie des Diagramms in Abb. 4 stellt die Planung dar. Bei einem bestimmten Fixkostenbudget und einem geplanten Anstieg der DBU-Linie (Deckungsgradlinie = Deckungsbeitrag in Prozent vom Umsatz) ergibt sich ein Plangewinn in Höhe des Abstandes des Endes der DBU-Linie von der Umsatz-Waagerechten. Die gestrichelte Linie kennzeichnet die erreichte Situation, die im Vergleich zur Planung recht ungünstig aussieht:

- das Kostenbudget wurde überschritten,
- das Umsatzvolumen wurde nicht erreicht,
- der Deckungsbeitrag vom Umsatz hat sich verschlechtert, weil sich folgende Faktoren ungünstig ausgewirkt haben:
  - sinkende Verkaufserlöse (steigende Rabatte),
  - ungünstiger gewordene Zusammensetzung des Sortiments.

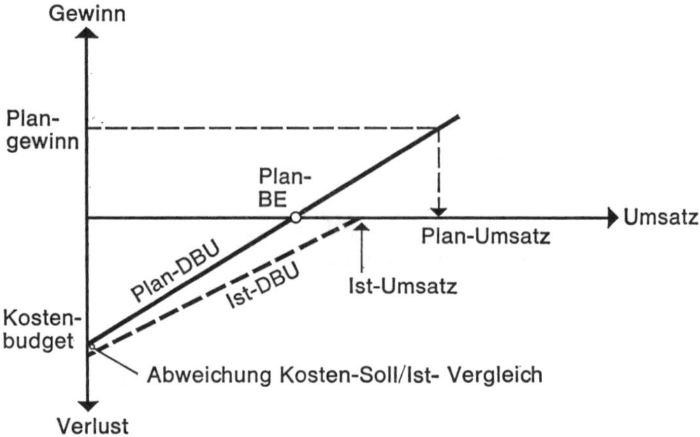

Abb. 4: Profit-Center-Soll-Ist-Vergleich im Diagramm

Der Deckungsbeitrag vom Umsatz, mit dem dieses Diagramm aufgebaut ist und bei dem der Break-even-Punkt am Schnittpunkt der DBU-Linie mit der Umsatzwaagerechten liegt, wäre auf Grund der Abbildung 3 im Planverlauf 32,8%; im Ist dagegen nur 28,8%. Durch welche Faktoren im einzelnen der flachere Anstieg zustande gekommen ist, muß die Analyse in Sortiments- und Preisabweichung zutage fördern. Vielleicht bewirkt aber das Diagramm erst, daß man sich als Verkaufsmanager für diese Analyse im Detail interessiert bei *Controller's Hausbesuch*.

Übrigens läge – mit den Zahlen des Beispiels der Abbildung Nr. 3 – der Break-even-Punkt in der Planung bei 20000,– dividiert durch 0,328 = 61 000,–. Außerdem macht das Diagramm deutlich, daß Abweichungen bei den Kosten, wie es in der Abweichungsanalyse innerhalb des Systems der Management-Erfolgsrechnung schon erläutert worden ist, soviel bedeuten wie Korrekturen der fixen Kosten bzw. des Deckungsziels – auch wenn es sich um Abweichungen bei Kosten handeln sollte, deren Planbeträge zu den Standardgrenzkosten gehören wie z. B. Materialmengen- und auch Materialpreisabweichungen.

Planung eines flexiblen Leistungs- und Kostenbudgets in der Produktion

Das für die Produktion geeignetste Führungsinstrument im Sinne eines Ersatzmaßstabes für das Gewinnziel ist das flexible Kostenbudget. Flexibel ist es deshalb, weil nicht einfach ein monatliches Kostenvolumen zur Einhaltung vorgegeben bzw. vom zuständigen Manager zur Einhaltung übernommen worden ist, sondern weil die Kosten-Solls gekoppelt sind mit einer Produktionsleistung (Ausbringung).

An sich wäre die Leistung des Betriebs die Stückzahl. Für eine einzelne Leistungs- und Kostenstelle im Betrieb indessen bedarf es anderer Maßstäbe für die Ausbringung, weil die hergestellten Stücke und Teile meist sehr unterschiedlich sind. Homogener Leistungsmaßstab der meisten Betriebsstellen ist die Stunde – entweder als Maschinenstunde oder als Vorgabestunde. Das Kostenbudget ist insofern flexibel an die Stundenleistung geknüpft, als innerhalb des Kostenvolumens zwischen solchen Kosten unterschieden ist, die sich proportional zur Leistung verhalten. Das entspricht Aktivitäten, die ins Produkt gehen (Proko) verglichen zu solchen periodisch »drumherum« (Struko).

Ferner ist im Kostenbudget unterschieden nach denjenigen Kosten, die der Kostenstellenleiter – vielleicht der Meister oder Vorarbeiter – *beeinflussen* kann, und jenen, die ihm als kalkulatorische Größen lediglich *nachrichtlich* mitgeteilt sind. Beeinflußbar und proportional fallen, wie das Beispiel des Kostenbudgets für die Dreherei zeigt, nicht zusammen (Kostenwürfel!). Nicht beeinflußbar vom Drehereileiter ist zum Beispiel die Kostenart Strom, obwohl sie sich proportional zur Stundenleistung verhält. Wenn aber an den einzelnen Maschinen oder für die Abteilung Dreherei speziell kein eigener Stromzähler besteht, ist es nicht möglich, dem Stromkostenbudget einen Istverbrauch für die Dreherei gegenüberzustellen. Damit ist der Einflußbereich des Drehereileiters auf den Strom nicht abgegrenzt; folglich auch die Verantwortung nicht voll übertragbar. Die Abweichung der Stromkosten erscheint auf der stromliefernden Kostenstelle und wird von dieser Seite her kontrolliert – d.h. direkt verantwortlich ist der Stromingenieur. Beeinflußbar dagegen sind sicherlich die Hilfslöhne für Reinigung, obwohl sie im Budget fix gesetzt sind. Kostenwürfel unten links Band I, S. 34.

Das in Abbildung 5 gezeigte Kostenbudget für eine Produktionskostenstelle entspricht einem der Leistungs- und Kostenstellendiagramme, wie sie im Band I auf Seite 27 innerhalb des Modells zur Kalkulation der Standard-Grenzkosten dargestellt worden sind. Die waagerechte Leistungsachse hat hier im Beispiel den Maßstab Vorgabestunden; das für den Monat bei einer Planleistung von 2000 Stunden angegebene Gesamtkostenvolumen beläuft sich auf 33 692,–. Das Volumen der proportionalen Kosten stellt sich bei der Planleistung auf 25 600,–. Der Grenzkostensatz beträgt 12,80 je Vorgabestunde, während sich der »Vollkostensatz« inklusive anteiliger Fixkosten mit 16,85 errechnet und nur bei 2000 Vorgabestunden gilt. Bei einer höheren Planleistung würde sich der Fixkostenblock nicht erhöhen. Folglich käme auf die Stunde ein geringerer Fixkostenbetrag, und umgekehrt. Vgl. Abb. 6 Seite 50.

Ein solches *Kostenbudget hat zwei große Aufgaben* im Bereich des Informations- und Rechnungswesens des Controllers:

1. Es liefert den Kostensatz zur Ermittlung der Produktkosten eines Erzeugnisses nach der Rechnung: Verzehr aus der

Stelle an Vorgabestunden mal 12,80 Produktkostensatz je Vorgabestunde (früher Grenzkostensatz).

2. Es bildet einen »Fahrplan« für den Einsatz an Kosten im Vergleich zur Leistung Vorgabestunden und eröffnet damit die Kostenverantwortung für den Kostenstellenleiter.

10 Drehbänke mittl. Größe, ein Mann je Maschine, einschichtig eingesetzt. Bezahlt wird Akkordlohn. Leistungsmaßstab ist die Stunde; da Akkordlohnsystem, also die Vorgabestunde.

Ermittlung der monatlichen Planleistung:

10 Maschinen – 150 St. Auftragszeit/Schicht – Planzeitgrad 1,3 = 1950 Vorgabestunden, aufgerundet **2000 Vorgabestunden.**

Kostenbudget (Monatszahlen)

Kostenart		Proportional (Produktkosten)	Fix/Struko
Fertigungslöhne 2000 Std. zu 6,– Akkordrichtsatz	12 000	12 000	–
Hilfslöhne f. Warten, Reinigen, Rep.- u. Nacharbeit in eig. Stelle 100 Std. für Reinigung zu 7,80/Std. ⌀-Verdienst	780	–	780
Kalk. Sozialkosten 40% auf Lohnsumme	5 112	4 800	312
Werkzeugkosten (Drehstähle)	2 000	2 000	–
Instandhaltung Eigen- u. Fremdleistungen	3 000	2 500	500
Hilfs- u. Betriebsstoffe	300	300	–
BEEINFLUSSBARE KOSTEN	23 192	21 600	1 592
Kalk. Abschreibungen	5 000	3 000	2 000
Kalk. Raumkosten 250 m² zu 5,–	1 250	–	1 250
Kalk. Stromkosten	1 000	1 000	–
ROI-Ziel*)	750	–	750
Deckungsziel für Betriebsleitung sowie Fixkosten indirekter Stellen	2 500	–	2 500
KALKULATORISCHE KOSTEN	10 500	4 000	6 500
Monatliche Kostensumme	33 692	25 600	8 092
KOSTENSÄTZE	16,85	12,80	4,05

*) In die Kostenstelle »umgetopftes« Kapitalertragsziel (Bd. I, S. 20), oft als kalkulatorische Zinsen bezeichnet.

Abb. 5: Leistungs- und Kostenbudget für eine Dreherei

Soweit es sich um Details zur Kalkulation der Grenzkosten handelt, wird auf die ausführlichen Beschreibungen im Controller-Handbuch (5 Bde.) des Verfassers verwiesen. Vor allem ist aus den Soll-Ist-Vergleichen heraus, die eher nach rückwärts suchen, *in die Vorschau zu gehen. Wie es weitergehen soll ist bei Controller's Hausbesuchen zu erarbeiten.*

Der Controller will mit Kostenbudget und Soll-Ist-Vergleich den Stellenleiter aber nicht kontrollieren, sondern er will ihn informieren. »Sie, Herr Meister, sollen selber sehen, wie es um die Kosten in ihrem Bereich steht, damit Sie bei Ihren Dispositionen mit daran denken können. Es ist Ihr Budget und Ihr Soll-Ist-Vergleich. Sie brauchen das genauso, wie auch ein Flugkapitän seine Maschine nicht fliegen kann ohne Navigationsinstrumente.« Schauen Sie auf Ihre Kosten-»Uhr«.

Oft genug wird bei der Einführung eines solchen Budgetsystems angegeben, daß es darum ginge, jetzt »Kosten zu sparen«. Eine solche Bemerkung mag logisch korrekt sein; sie ist aber psycho-logisch ein Affront: »Sie, Herr Meister, waren bisher ein Verschwender«. Zur »Social Sensitivity« des Managers gehört, auch solche psychologischen Rückmeldungen zu spüren. Immer wenn man erklärt, daß jetzt etwas besser werden soll, könnte das den Vorwurf an den Partner bedeuten: »bisher zu dumm«. Dagegen wäre im Falle des Kostenbudgets das Wort *»Informieren«* ein starkes Wort. Es ist sachlich gemeint und klingt auch so. Und vor allem wertet es den Kostenstellenleiter auf. *Informiert wird, wer wichtig ist.* Dadurch daß auch die Kosten, soweit sie jedenfalls beeinflußbar sind, mit in seine Kompetenz gelegt werden, nimmt seine Verantwortung zu. Seine Aufgaben werden größer gemacht: *»job enlargement«* oder *»job enrichment«.* Verwirklichung des *Self-Controlling.*

Das Kostenbudget als Stammsatz in der operativen Planung

Das Kostenbudget, das etwa im Sommer bis Herbst 2000 für das Jahr 2001 als Bestandteil der operativen Planung (»inneres

Netz« – vgl. Band I, Seite 157) aufgebaut wird, hat die Funktion eines Stammsatzes. Es ist also nicht das Budget des Januar oder Juni 2001, sondern zunächst eine vom konkreten Zeitraum unabhängige analytische Verknüpfung von Kosteneinsatz und Ausbringung in Vorgabestunden. Zum konkreten Budget = Fahrplan eines bestimmten Abrechnungsmonats wird der Stammsatz erst, nachdem die effektiv in diesem Monat auf Grund der dispositiven Unternehmensplanung (vgl. Band I, Seite 140) geleisteten Stunden eingegeben und der Stammsatz zu den »Sollkosten« des Monats umgeformt worden ist (vgl. Abb. 7).

Ein Problem tritt immer wieder auf, wenn man ein solches Budgetsystem für die Kosten aufbaut, wie es das Beispiel der Abbildung 5 veranschaulicht. Dort ist die Planleistung auf 2000 Vorgabestunden festgelegt. Sie wurde ermittelt über die Zahl der Maschinen, die einschichtige Nutzung, eine Auftragszeit von durchschnittlich 150 Stunden pro Schicht und einen Planzeitgrad von 130%. Dabei wurde der Betrag von 150 Stunden pro Monat und Schicht über eine Jahresrechnung abgeleitet (jährliche tarifliche Arbeitszeit minus Urlaub, Feiertage, Fehlzeit durch Krankheit, Nebenzeiten). Da die Leistungsbasis jedoch nicht diese 150 »Uhrzeit«-Stunden sind, sondern die Vorgabezeiten, muß außerdem der im allgemeinen in dieser Stelle bei einer fairen Leistung erreichbare Leistungsgrad bei der Errechnung der Planleistung berücksichtigt werden (im Beispiel 130%).

Die Frage lautet jetzt: *Entsprechen diese 2000 Vorgabestunden als monatliche Planleistung der Dreherei dem Absatzplan?* Im System der operativen Planung (vgl. Band I, Seite 169) wurde doch ausgeführt, daß die im Verkauf geplanten Stückzahlen der Erzeugnisse über die Arbeitspläne und Belegungszeiten in die Inanspruchnahme der einzelnen Kostenstellen aufgelöst werden. Bilden die 2000 Vorgabestunden der Dreherei ein Ergebnis dieses Prozesses?

Nein. Wäre es so, würde man mit der Planung niemals fertig. Die Kostenbudgets nach dem Beispiel der Abbildung 5 müssen aufgestellt sein, damit die Kalkulationen der Artikel zur Grenzkosten durchgeführt werden können. Erst dann stehen mit den

Verkaufspreisvorschlägen bzw. -entscheidungen in der Planung auch die Deckungsbeiträge zur Verfügung. Erst dann kann das Absatzprogramm daraufhin überprüft werden, ob es bei den im Deckungsbeitrag günstigeren Erzeugnissen noch möglich ist, zu forcieren und zusätzliche Stückzahlen im Markt unterzubringen.

Deshalb wurde gesagt, daß man das Kostenbudget als einen Stammsatz betrachten solle. Die 2000 Stunden wurden auf dem Weg einer Annahme über die wahrscheinliche Beschäftigung aufgebaut, bei der man meist die Schichtzahl zu Hilfe nimmt, wie es im Beispiel auch geschah. Die Kostenbudgets können also im September fertig sein. Wird dann im November das Absatzprogramm für das nächste Jahr endgültig festgelegt, dann kann man über den Weg der Sollkostenermittlung die dem Absatzplan entsprechenden Kosten der Dreherei sehr schnell ermitteln – und zwar maschinell, wenn die Kostenplan-Stammsätze in die EDV eingespeichert sind.

Würde sich zum Beispiel über die Absatzplanung am Ende eine Beanspruchung der Dreherei nur im Monatsdurchschnitt von 1800 Stunden ergeben; so wären alle proportional eingesetzten Kosten mit 0,9 zu multiplizieren und die fixen Kosten als Konstante zu addieren. Die mit dem Absatzplan korrespondierenden Kosten der Dreherei beliefen sich dann nicht mehr auf 33 692,–, sondern auf 0,9 x 25 600 + 8092 = 31 132,–.

Der Ansatz der proportionalen und fixen Kosten im Kostenbudget/Produktkosten und Strukturkosten

Proko & Struko gilt auch in den Kostenstellen. Proko ist »drehen«, »durchdrehen« ist Struko. Was kausal, ins Produkt schlüpft, dessen physische Existenz erzeugend wie z.B. die Tätigkeitart Fertigungslohn, ist proko.

Die Fertigungslöhne, die sich auf die Vorgabestunden beziehen, sind proportional zu dieser Leistungsbasis. Die Hilfslöhne für Maschinenreinigung, die von den Drehern selbst durchgeführt und mit dem Akkorddurchschnitt bezahlt wird, wurden dagegen fix angesetzt. Reinigungszeiten hängen mehr von der Größe und Kompliziertheit der Maschine als von der Dauer der Produktionszeiten ab. Die kalkulatorischen Sozialkosten dienen dem Ausgleich der Arbeitgeberanteile zur Sozialversicherung sowie jener Stunden, die bei Ermittlung der Auftragszeit von 150 Stunden pro Schicht wegen bezahlter Urlaubs-, Feiertags- und Krankheitstage abgezogen worden sind. Sie sind proportional bzw. fix behandelt wie der Lohn, auf den sie sich beziehen.

Die Werkzeugkosten – hier die Drehstahlverbräuche – entstehen proportional zur Leistungsbasis; desgleichen die Verbräuche an Hilfs- und Betriebsstoffen. Bei der Instandhaltung (eigene Schlosserstunden, mit dem Grenzkostensatz bewertet, Reparaturmaterial und Fremdleistungen) wurde ein Sockelbetrag von 500,– als Dauerwartung fix budgetiert. Selbst wenn die Maschine gar nicht läuft, aber betriebsbereit sein soll, muß ein Mindestmaß an Wartung aufgebracht werden (Schmierdienste, Probeläufe und dergleichen). Dieser Ansatz ist technisch abzuschätzen. Dahinter stehen Typen von Aktivitäten, die entweder ins Produkt schlüpfen oder sich um Ordnung bemühen – Proko proportional; Struko periodisch.

Die Abschreibungen wurden hier teils fix, teils proportional angesetzt. Im allgemeinen – es wäre im Gesamtsystem des Controller-Rechnungswesens sympathischer (vgl. Break-even-Diagramm Abb. 5 im Band I) – wird es sinnvoll sein, die Abschreibungen voll fix zu budgetieren als ein Cash-flow-Ziel, das im Interesse der Finanzierung des zukünftigen Investitionsprogramms gefordert ist. Das ist auch deshalb gerechtfertigt, weil der proportionale Verschleiß durch Reparaturen ausgeglichen wird. Oft wird man aber bei Mehrzweckmaschinen, zumal wenn sie mehrschichtig eingesetzt sind, nicht daran vorbeikommen, auch proportionale Abschreibungen als Folge des Verschleißes durch Nutzung einzusetzen. Die fixe Abschreibung entspricht dem technischen Fortschritt bzw. der Entscheidung der Geschäftsleitung über eine maximal zulässige Abschreibungszeit.

Die kalkulatorischen Zinsen als Teil eines Kapitalertrags-Deckungsziels erscheinen hier auch innerhalb der Kostenstelle.

Das ist oft empfehlenswert, weil Fachleute der Technik nicht so gewohnt sind, in Zinsen zu denken und zu berücksichtigen, daß Kapital, das im Betrieb steht oder liegt, Geld kostet.

Ferner ist ausgewiesen ein Deckungsziel für die fixen Kosten indirekter Stellen wie Betriebsleitung, Arbeitsvorbereitung, Meisterbereiche, Sozialstellen sowie die fixen Kosten von Reparaturbetrieb, Transporteinrichtungen und Energieversorgung.

Der auf die Dreherei entfallende Anteil von 2500,– war das Ergebnis einer Umlage – oder besser gesagt einer »Deckungsziel-Matrix« der abgebenden und aufnehmenden Stellen – über Schlüssel. Da diese Zuordnung innerhalb des Blocks der fixen Kosten erfolgt ist, stört sie die Deckungsbeitragsrechnung nicht. An sich hätte man die fixen Kosten der indirekten oder sekundären Stellen auch gleich in die Artikelerfolgsrechnung transferieren können. Dann wäre es aber nicht möglich, unter Einbeziehung solcher Herstellkosten auf dem Kostenplan einen »Vollkostensatz« zu errechnen, der – unabhängig von den Dekkungsbeitragsüberlegungen zur Bewertung der Bestände an Halb- und Fertigfabrikaten in der Bilanz gebraucht wird sowie auch zur Preiskalkulation zumindest im Falle der Preisermittlung bei bestimmten öffentlichen Aufträgen.

Fertigungslohn als Produktkosten (»proportional«)

Die größte Kontroverse ergibt sich immer wieder beim Fertigungslohn. So wird erklärt, daß der Lohn fix sei, weil man doch in Zeiten schlechter Beschäftigung niemand gleich entlassen wolle, zumal wenn die Arbeitsmarktlage so angespannt ist. Bei Grenzkosten muß man *verbrauchsorientiert* denken und nicht in Größen der Personalplanung wie Mitarbeitersuche und -entlassung. Auch beim Material zählt der Verbrauch, nicht der Einkauf.

Wie ist es im »Vorwärtsgang«? Niemand wird bezweifeln wollen, daß der Lohn dann proportional zu seiner Basis Vorgabestunden im Beispiel der Dreherei ist. Schließlich müssen zusätzliche Stundenleistungen auch bezahlt werden.

Wie ist es im »Rückwärtsgang«? Vergessen wir einmal alle Zwischenlösungen wie Lagererhöhung, langsameres Arbeiten oder vorbeugende Instandhaltung und unterstellen wir, die Dreher würden in Zeiten schlechter Beschäftigung mit nichts anderem beschäftigt werden als mit Kartenspielen. Ist der Fertigungslohn dann proportional? Ja – ganz bestimmt. Fertigungslohn gibt es nur, wenn Aufträge von Kunden bzw. Lagerergänzungsaufträge in den Betrieb gehen. Die Dreher würden ihr Kartenspielen auf Hilfslohn kontieren müssen: Hilfslohn für Warten auf Aufträge. In dieser Kostenart wurden indessen im Beispiel der Abbildung 5 nur 780,– budgetiert; nämlich diejenigen Hilfslohnarbeiten, die planmäßig notwendig sind. Durch die Löhne beim Kartenspielen käme es in dieser Kostenart gegenüber dem Budget zu erheblichen ungünstigen Abweichungen. *Diese Abweichungen werden* – wie es schon im Rahmen der Abweichungsanalyse im System der Managementerfolgsrechnung (Band I, Seite 69 und Seite 158) erläutert worden ist – *behandelt wie Korrekturen von fixen Kosten bzw. Korrekturen des verlangten Deckungsziels.*

Nicht »der« Fertigungslohn ist also fix, sondern die Löhne erhalten insofern in Zeiten schlechter Beschäftigung Fixkostencharakter, als solche Abweichungen der Istkosten gegenüber den Budgets von der Geschäftsleitung akzeptiert werden – aus sozialen Gründen wie aus wirtschaftlichen Gründen; etwa weil die Kosten der Personalsuche und des Eintrainierens nachher größer sind als diese Abweichungen. Normalerweise müßten nämlich Abweichungen Signal zur Korrekturzündung sein. Dieses durch die Abweichung erteilte Signal wird bewußt mißachtet. Das ist gerade so, als hätte die Geschäftsleitung in einer solchen Situation *neu* entschieden, eine Anzahl von Mitarbeiterstunden »auf Lager« zu nehmen, und damit zusätzliche Fixkosten begründet. Dies hat sich indessen durch die heutigen Flexibilisierungs-Modelle erleichtert.

Wie lange kann man eine solche Abweichungs-Situation durchhalten? Solange man es finanzieren kann. Wenn die Liquidität nicht mehr ausreicht, müssen die Abweichungen trotz aller sozialer und personalwirtschaftlicher Überlegungen Signal zur Kapazitätsdrosselung in Form von Zwangsurlaub, Kurzarbeit und Entlassungen sein. Wegen einer solchen vorübergehenden *Pufferung* ist es aber unzulässig, gleich den ganzen Fertigungslohn überall fix zu budgetieren. Wobei mit dem Wort »fix« eindeutig gemeint ist: »nicht beeinflußbar«. Deshalb ist »Fixkosten«

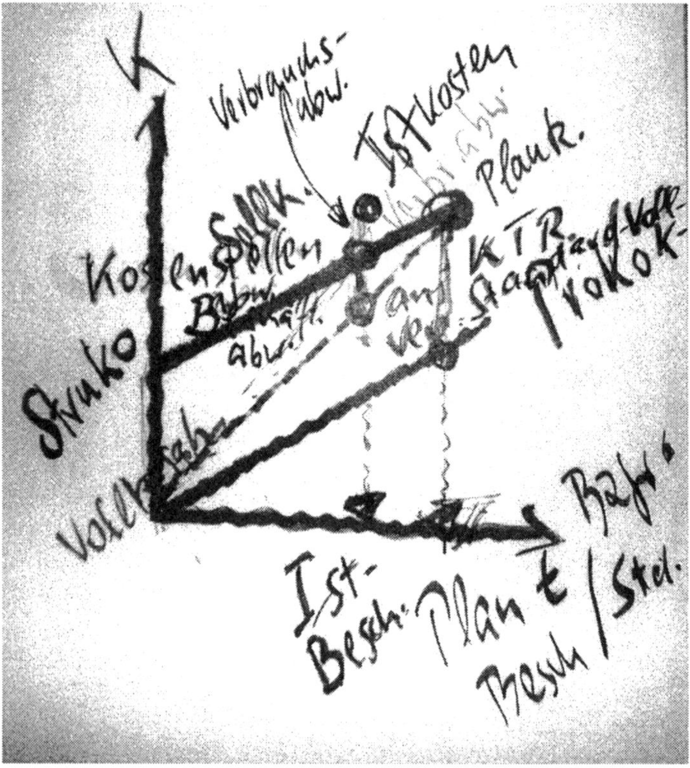

Abb. 6: Graphischer Soll-Ist-Vergleich (vom Flipchart im Seminar) einer Fertigungskostenstelle mit geringerer Auslastung als geplant.

auszutauschen in *Strukturkosten.* Vgl. Kostenwürfel Band I, Abb. 3 a.

Mit den Ausdrucksweisen »proportional« und »fix« ist im Text dieses Buches immer gemeint Art der Tätigkeit. Machen die Mitarbeiter spanabhebende Fertigung an Werkstücken, die in zu verkaufende Produkte gehen – drehen sie also blanke Rundungen oder Flächen. Dann ist es Fertigungslohn, dann gehört es *in die Produktkosten* (vormals proportional genannt). Oder haben die Mitarbeiter keine Kundenaufträge zu bearbeiten, werden ersatzweise Hilfstätigkeiten durchgeführt, fängt man an, allmählich »durchzudrehen«, dann sind es Strukturkosten (früher Fixkosten genannt wegen der mathematischen Patentante in der grafischen Darstellung der Kostenfunktion). *Die Produktkosten* (ex proportional) *sind immer je Einheit formuliert.* Die Bezugsgröße Vorgabestunden und der Fertigungslohn kommen aus den Arbeitsaufträgen – aus den Arbeitsplänen mit den Einheits- und den Rüstzeiten. Die anderen Tätigkeiten in der Kostenart Hilfslohn sind budgetiert unter Strukturkosten/Fixkosten und periodisch formuliert. Es ist ein sich Bemühen um Ordnung, Sauberkeit, Reparatur- und Nacharbeit in eigener Stelle oder man wartet eben, bis es weitergeht.

Werden z.B. Montagehandgriffe im Herstellprozeß eines Produkts gemacht, sind es Produktkosten. Ob da Fernsehgeräte montiert, Dragees konfektioniert oder Rouladen gerollt werden... Steht ein Mitarbeiter an einer Meßzentrale aber da mit einer Art schläfrigen Wachsamkeit wie beim Postenstehen und beobachtet ein Steuerungsgerät, so ist die Type dieser Tätigkeit Überwachung. Dies wären Strukturkosten. Die analytische Kostenplanung – Activity Based Cost – geht vorort und saugt die Beobachtung auf und formuliert das Betreiben im Kostenplan-Notizbuch.

Ferner wäre noch anzumerken, daß es bei Saisonindustrien Fälle gibt, wo solche Abweichungen des Hilfslohns gegenüber dem Budget nicht entstehen, weil bereits die Planung auf Grund der Struktur des Geschäfts einen fixen Ansatz für Lohnkosten in der Zeit schwacher Beschäftigung enthält. So konzentriert sich in der Zuckerindustrie die Produktion auf die kurze Zeit der Kampagne der Rübenverarbeitung. Während der größeren Zeit des Jahres macht die Kernmannschaft Reparaturen. Das weiß man schon vorher. Deshalb würde der Fixkostencharakter des Lohns im Saisontal nicht als Abweichung, sondern als Budget zum Ausdruck kommen.

Soll-Ist-Vergleich für das Produktionskostenbudget

Die Abbildung 7 wiederholt in der ersten Spalte nochmals das monatliche Plankostenvolumen aus dem Stammsatz, das mit 33 692,– mit der Kostensumme des Budgets in der Abbildung 5 übereinstimmt. Die Sollkosten – das echte Budget = Soll des Abrechnungsmonats – liegt höher. Es stellt sich auf 38 812,–. Das hängt damit zusammen, daß auch die Stundenleistung höher gewesen ist. Effektiv hat die Stelle im Monat statt 2000 Stunden ein Volumen von 2400 Stunden auf die Beine gestellt.

Planleistung: 2000 Vorgabestunden
Istleistung: 2400 Vorgabestunden Beschäftigungsgrad: 120%

Kostenart	Plankosten	Sollkosten	Istkosten	Abweichung	Abweichung seit Jahresbeginn
Fertigungslohn	12 000	14 400	15 000	600./.	3 000./.
Hilfslohn	780	780	400	380+	650+
Kalk. Sozialk.	5 112	6 072	6 160	88./.	940./.
Werkzeugkosten	2 000	2 400	2 100	300+	50./.
Instandhaltung	3 000	3 500	2 900	600+	1 300+
Hilfsstoffe	300	360	420	60./.	20./.
BEEINFLUSSBARE KOSTEN *)	23 192	27 512	26 980	532+	2 060./.
Abschreibungen	5 000	5 600	5 600	–	–
Raumkosten	1 250	1 250	1 250	–	–
Stromkosten	1 000	1 200	1 200	–	–
Zinsen	750	750	750	–	–
Deckungsziel	2 500	2 500	2 500	–	–
KALK. KOSTEN	10 500	11 300	11 300	–	–
GESAMTKOSTEN	33 692	38 812	38 280	532+	2 060./.

Abb. 7: Soll-Ist-Vergleich für ein Produktionskostenbudget;
**) direkt diskutierbare Kosten*

Das ergibt einen Beschäftigungsgrad von 120%. Mit diesem Faktor wurden – ausgehend vom Stammsatz – sowohl die einzelnen Kostenarten wie auch die Kostensummen zu Sollkosten umgeformt. Dafür diente folgende *Formel:*

$$\text{Sollkosten} = \frac{\text{Istleistung}}{\text{Planleistung}} \cdot \text{Planproportionale Kosten}$$

$$+ \text{Planfixe Kosten; } K(x) = mx + t.$$

Daneben stehen die Istkosten des Monats. Im Falle der kalkulatorischen Kosten wurde in der Istkostenspalte der Sollkostenwert einfach wiederholt. Hier ist demzufolge die Abweichung auf Null gestellt. Das gilt aber nur für die Dreherei. Auf den Herkunftskostenstellen erfolgt auch hier ein echter Soll-Ist-Vergleich. So fallen auf der Gebäudekostenstelle die Gebäude-Istkosten an, die der Gebäudemanager gegenüber seinem Budget vergleicht und entsprechend Steuerungshinweise für seine Dispositionen (dispositive Planung) erhält.

Das Minus- oder Pluszeichen steht jeweils hinter der Abweichungszahl. Das hängt damit zusammen, daß arithmetisch die Istkosten eine Plusposition bedeuten, die Sollkosten eine Gutschrift, so daß die Abweichung als Plus eine Kostenüberschreitung bildet. Das widerspricht aber dem täglichen Sprachgebrauch. Man sagt »Plusabweichung« und meint Budget-Unterschreitung bei den Kosten. Daher steht das Pluszeichen hinter der Zahl. Die Programmierung solcher Soll-Ist-Listen sieht meist vor, daß eine ungünstige Abweichung ein Minuszeichen dahinter erhält oder ein »N« für negativ oder sie wird in Klammern gesetzt.

Neben der monatlichen Abweichung steht die Abweichung seit Jahresbeginn. Das ist deshalb vorteilhaft, weil viele Kostenpositionen im Ist stoßweise entstehen – etwa Reparaturen, so daß erst der kumulierte Soll-Ist-Vergleich echte Steuerungsnachrichten vermittelt.

Controlling mit Hilfe des Signals der Abweichungen

Der Controller hat die Funktion des Lotsen oder auch Steuermanns in der Unternehmungs-Flotte. Er muß den Kapitänen in Verkauf, Produktion, Einkauf, Forschung und Verwaltung signalisieren, wie deren Schiffe jeweils im Flottenverband der Unternehmung im Vergleich zum Plankurs gesamt sowie in Abstimmung mit den anderen vorangekommen sind. Diese Signalfunktion gilt »im großen« – etwa beim Soll-Ist-Vergleich im Verkaufsprogramm – wie »im kleinen«; also bei den Kosten einer einzelnen Kostenstelle. Dabei wurden auf der Kostenstelle Stöße aus den vorgelagerten Bereichen des Verkaufs durch die Umformung zu Sollkosten abgefangen. Die Abweichung im Verkaufsprogramm – im Beispiel der Dreherei eine größere Inanspruchnahme um 400 Stunden im Monat – wurde für die Produktion zu einem neuen Plansoll. Das ist der Sinn der flexiblen Planung.

Der Stammsatz des flexiblen Kostenbudgets ist also *ein Baustein der operativen Planung, der auf automatische Budgetrevision planmäßig eingestellt ist.* Muß im Beispiel die Dreherei mehr Stunden fahren, weil es auf Grund der dispositiven Planung – ausgelöst durch die Abweichungen im Absatzplan – so verlangt wird, so entstehen dort auch mehr Kosten. Diesen Sachverhalt muß das Budget berücksichtigen, das neben der Grenzkostenkalkulation auch zu diesem Zweck durch Trennung der proportionalen und fixen Kosten flexibel gestaltet ist. Die Abweichungen der verkauften Stückzahlen vom Absatzplan sind für den Manager in der Produktion kein Controlling-Signal. Er hat auf diese Sachverhalte keinen Einfluß. Dagegen bilden für ihn die Kostenabweichungen die Steuerungs-Impulse! Und beim Ansatz der Kostenhöhe im Vergleich zur Leistungsbasis (Bezugsgröße) gilt auch für das Kostenbudget das Prinzip der operativen Planung, daß sie während der Budgetperiode nicht geändert wird – auch wenn sich herausstellen sollte, daß strukturell sich Neues verwirklicht hat.

So können die Abweichungen beim Kosten-Soll-Ist-Vergleich entstehen aus folgenden Gründen:

- echte Mehr- oder Minderverbräuche den Mengen nach;
- Änderungen der Einkaufspreise bei Hilfsstoffen, Werkzeugen oder Reparaturteilen sowie Fremdleistungen oder Änderungen der Lohnsätze;
- Planungsfehler sowohl der Höhe nach als auch in der Einteilung des Budgets nach proportionalen und fixen Kosten;
- Rationalisierungen und organisatorische Verbesserungen;
- strukturelle Änderungen der Verbrauchsfunktion durch neue Maschinen und Verfahrenstechniken;
- zeitliche Verschiebungen im Kostenanfall;
- Kontierungsfehler, d. h. die Istzahlen wurden nicht dort erfaßt, wo die Planwerte stehen;
- manchmal auch Sortimentverschiebungen.

Daß die Gründe für die Abweichungen vielschichtig sind, erfordert *das Nachdenken des betreffenden Kostenstellenmanagers* bzw. einen *Kundendienst der Interpretation* durch einen Mann aus dem Controller- Bereich – häufig »Kosteningenieur« genannt. Auch hier erweist sich als vorteilhaft, wenn man sagt, daß Abweichungen Signale bilden und den *Einstieg* in die (dispositive) Planung von Verbesserungen bedeuten.

»Wertanalyse« beim Berichts-System des Controllers

Manchen könnte es stören, daß hier so viele Abweichungsgründe gebündelt auftreten. Vor allem den Perfektionisten – manchmal den ingenieurmäßigen Perfektionisten in der Kostenrechnung.

Natürlich kann man eine Reihe dieser Abweichungsgründe eliminieren. So wären Preiseinflüsse dadurch auszuschalten, daß auch für alle Hilfsmaterialien Standard-Verrechnungspreise eingeführt werden, mit denen sowohl die Planmengen als auch die Istmengen bewertet werden. Dadurch wäre die Abweichung eine reine »Verbrauchsabweichung«. Dasselbe gilt für die Lohnsatzänderung. Nimmt man in der Kostenstellenrechnung einen Verrechnungslohn, mit dem die Iststunden bewertet werden, so treten Abweichungen als Folge von Lohnänderungen nicht auf. Dafür muß die Lohnabrechnung doppelt durchgeführt werden: mit den echten Lohnsätzen bei der Lohnermittlung; mit den Festlohnsätzen bei der Kostenstellen- und Auftragsabrechnung.

Falls auch Abweichungen durch Sortimentsverschiebungen auftreten, kann man dem mit mehreren Bezugsgrößen als Leistungsbasis begegnen. So wäre zu erwägen, ob man etwa bei einem Glühofen den Gasverbrauch nicht sowohl auf der Basis Ofenstunden wie auch der Basis Kilogramm geglühte Stücke aufbauen muß. Die Sollkosten der Stelle würden sich dann über diese beiden Leistungsbezugsgrößen ermitteln.

Zeitliche Verschiebungen wären dadurch abzufangen, daß man bei der Kontierung der Istkosten puffert und Abgrenzungen über entsprechende Konten oder Auftragsnummern vornimmt.

Alle diese Maßnahmen machen Arbeit, kosten Geld und blähen den Verwaltungsapparat inklusive der Datenverarbeitung erheblich auf. Was bringt das aber? *Jede Information, die beim Empfänger nicht ankommt, weil man sie betriebswirtschaftlich sehr verfeinert hat, ist überflüssig.* Es kommt nicht darauf an, absenderorientiert möglichst schöne Informationssysteme zu bauen, *sondern empfängerorientiert* das zu bieten, was die Manager an Zahlen brauchen und womit sie fertig werden. Die Empfänger sind nämlich meist keine Zahlen-Spezialisten. Also darf man ihnen keine Bücher mit sieben Siegeln liefern. *Wertanalyse* heißt, nicht mehr an Wert in eine Konstruktion hineinbauen, als der Kunde an Nutzen aus der Konstruktion haben will. Das gilt nicht nur für die Erzeugnisse, sondern auch für Informations-Systeme des Controllers.

Andererseits soll der Controller-Bereich seine Zahlenkunden auch nicht wie unmündige Kinder behandeln. Warum soll man einem Manager nicht zumuten, daß er sich auf Grund einer für ihn rechentechnisch verständlichen, weil nicht mit vielen Vorbehalten und Klauseln versehenen Abweichungs-Information Gedanken macht? Warum soll er nicht einmal selber Papier und Bleistift zur Hand nehmen und sich anhand seines Soll-Ist-Vergleichs eigene Gedanken machen? Alles, was einer sich selber denkt, braucht der Computer nicht auszurechnen. Das eigene Denken ist immer noch am wirtschaftlichsten. Ganz abgesehen davon, daß ein Manager sich unter dieser Voraussetzung mit seinen Zahlen ganz anders identifiziert, als wenn ihm alles vorgekaut und in vielen Listen vorgegeben wird.

Bedingung dafür ist aber, daß der Controller seine Aufgabe nicht nur als »Rechenknecht« sieht, der Listen zu liefern und durch die Gegend zu schicken hat, sondern daß er mit seinen Informationen einen Beitrag zur Führung leistet.

Der Controller-Bereich muß die Manager instandsetzen, selber mit dem Planungs- und Steuerungsapparat zum Gewinnziel fertig zu werden und diesen Apparat handhaben zu können. Das ist wichtiger als der Apparat selber. Es handelt sich um eine Art *»Fahrlehrerfunktion«* des Controllers auf dem »Zahlenauto«. Führer sind Lehrer. Auch hier gilt der alte Pestalozzi-Grundsatz, daß Lehrer *»Hilfe zur Selbsthilfe«* geben müssen.

Unter diesem Aspekt kann der Controller sich leisten, manches in seinem technischen Apparat einfacher und preisgünstiger zu machen, als es mit betriebswirtschaftlichem Sachverstand und Computerhilfe an sich möglich wäre. Seine Hauptaufgabe ist nämlich die *Überzeugungsarbeit* auf Grund von Soll-Ist-Vergleichen. Das versteht man unter »completed staff work«. Die Arbeit von »Stäben« ist erst dann getan, wenn die »Betroffenen« überzeugt und motiviert sind, bestimmte Konsequenzen aus den Informationen zu ziehen und durchzusetzen. Hier erweist sich dann oft, *daß ein betriebswirtschaftlich-technisches Weniger ein führungspsychologisches Mehr* darstellt. Auf das letztere kommt es aber an, wenn effektiv etwas geschehen soll!

Struktur-Kostenbudget und »Standards of performance«

Im Beispiel des Kostenbudgets der Dreherei in Abbildung 5 handelte es sich um eine analytisch-rechnerische Verzahnung zwischen Kosteneinsatz und Leistungsausbringung. Der Soll-Ist-Vergleich beim flexiblen Budget machte besonders deutlich, daß die Kostenvorgaben mit der Leistung variieren. In Abbildung 7 hätte es auch so sein können, daß die Stundenleistung niedriger liegt als geplant. Die Sollkosten hätten sich dann im Ausmaß der proportional geplanten Komponenten reduziert und damit signalisiert, daß auch die Istkosten gedrosselt sein müßten, wenn die Leistung abfällt.

Eine solche Budget-Automatik wie bei den Stellen der Produktion gibt es nun bei Verwaltungsstellen in Technik, Vertrieb und Administration allerdings nicht. Hier fehlen die eindeutigen Leistungsmaßstäbe der Produktion, die zum Beispiel als Vorgabestunden den Charakter von Stellvertretern der Stückzahlen der Erzeugnisse haben, aus denen die Leistung der Unternehmung auf dem Markt besteht. Dazu kommt, daß die Leistung einer Verwaltungsstelle wie die Personalleitung oder auch der Controllerbereich sich in den Leistungen anderer Bereiche äußert. So könnte man etwa die Fehlzeitquote zum Leistungsmaßstab des Personalchefs rechnen. Aber wenn die Fehlzeiten günstig liegen und nicht jeder gleich schon den Schnupfen als fehlzeitverursachende Krankheit wertet – weil er für seine beruflichen Aufgaben nämlich engagiert ist –, so hat jeder Manager in seinem Bereich dazu beigetragen. Auch der Personalchef ist – ähnlich wie der Controller – ein Mann, der *dafür sorgen muß*, daß die Fehlzeiten günstig liegen, weil ein vernünftiges Betriebsklima herrscht. Das sind Strukturkosten-Sachverhalte.

Ähnlich kann man nicht sagen, daß der Controller den Gewinn der Unternehmung erbracht hat. Nicht er ist der »Gewinn-Manager«, sondern der Verkaufschef, Produktionschef, Einkaufschef. Aber der Controller muß als Lotse den Managern helfen, daß Entscheidungen auch auf das Gewinnziel hin ausgelegt sind und Leistungsmaßstäbe möglichst weitgehend in einer Gewinn-Dimension aufgebaut sind (als Deckungsbeiträge II oder III). Auch er *»sorgt dafür«*, daß Gewinn erzielt wird. Oder der Treasurer sorgt dafür, daß die Finanzen in Ordnung sind. Nicht er trifft die Dispositionen, die finanzielle Auswirkungen haben. Aber er muß sich darum kümmern, daß jeder Manager die finanziellen Konsequenzen seiner Maßnahmen berücksichtigt. Oder »sie« – of course!

Während also im Falle der Dreherei und anderer Produktionsstellen zwischen Leistungsmaßstab und Kosteneinsatz eine *analytisch-kausale* Beziehung besteht – *weil* die Drehbank Stunden leistet, braucht sie Strom, Werkzeuge, muß sie repariert werden und erfordert sie auch die Stunden eines Mitarbeiters –, kann man bei Verwaltungs- und Service-Bereichen nur einen *statistisch-finalen* Zusammenhang zwischen Kostenbudget und Leistungskennzahl (standard of performance) herstellen – der Personalchef setzt Kosten ein, *damit* die Fehlzeit oder die Fluktuation niedrig ist; der Controller liefert Steuerungsdaten, *damit* ein auch den Kapitalertrag abdeckender Umsatz erzielt wird. Es ist Plausibilität; auch Gewolltsein; nicht Kausalität.

Soweit es die Kostenplanung betrifft, wäre also im Falle von Verwaltungs- und Service-Stellen ein Budget zu errichten, in dem es *nur fixe Kosten* gibt. Von der Produktverursachung her besteht kein proportionaler Zusammenhang zwischen Stückzahl-Volumen der Erzeugnisse und Leistungsvolumen der Kostenstelle wie im Falle der Dreherei bei den Vorgabestunden (vgl. Definition der Grenzkosten im Band I, Seite 46 und Schema zur Kalkulation der Grenzkosten im Band I, Seite 27). *Aber auch fixe Kosten können von den Managern b e e i n f l u ß t wer-*

Das könnte zum Beispiel folgendermaßen aussehen:

Kosten-Soll-Ist-Vergleich für August		Kostenstelle Arbeitsanalytiker		
Kostenarten	Monatsbudget	Ist-Kosten	Abweichung	Abweichg. kumuliert
Gehälter	10 000	12 000	2 000 ./.	4 000 ./.
Sozialkosten	2 500	3 000	500 ./.	1 000 ./.
Reisekosten	500	600	100 ./.	300 ./.
Bürospesen	300	250	50 +	150 +
Raumkosten	500	500	–	–
Abschreibung auf Ausstattg.	400	400	–	–
Sonstiges	200	300	100 ./.	200 ./.
Summe	14 400	17.050	2 650 ./.	5 350 ./.

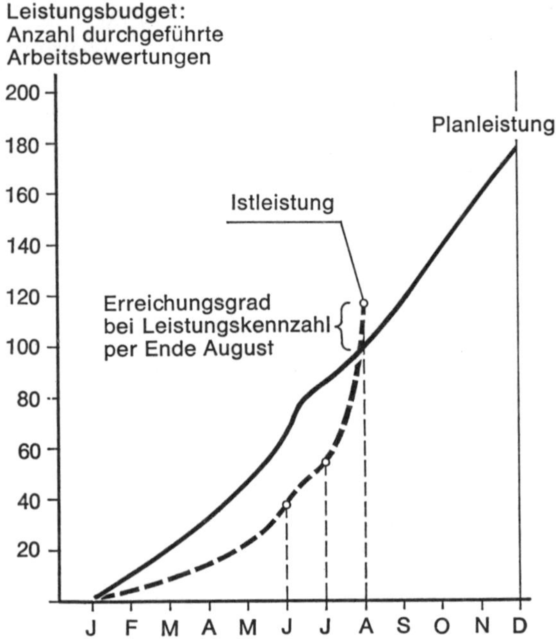

Abb. 8: Kostenbudget und Leistungskennzahl für eine Arbeitsgruppe im Personalbereich; lmi-Strukturkosten im Prozeßkostensatz.

den. Und diese Einflußnahme auf die fixen Kosten ist im Zusammenhang zu sehen mit der Leistung, die von der Verwaltungskapazität erbracht wird. Infolgedessen müssen für die Leistungen von Service- und Verwaltungsbereichen *Maßstäbe oder Indikatoren* gefunden werden, für die gleichfalls wie für die Kosten ein Soll-Ist-Vergleich durchzuführen ist. Dort liegt der *Kostentreiber-Charakter* auf die Struktur-/ex »Fix«kosten.

Neben dem Kostenbudget für eine Gruppe »Arbeitsanalytiker« innerhalb einer Personal-Hauptabteilung, das sich als Teil des Fixkostenblocks der Unternehmung auf monatlich 14 400,– beläuft, steht ein Leistungsbudget. Und zwar soll dieses Team im Budgetjahr 180 analytische Arbeitsbewertungen erstellen. Bei dieser Planleistung muß natürlich berücksichtigt werden, daß nicht einfach die Quantität schon einen Erfolgsmaßstab bildet. Die Arbeitsbewertungen müssen »sitzen«, d. h. sie müssen von den Inhabern der Arbeitsplätze auch verstanden und akzeptiert worden sein. Außerdem ist im Budget unterstellt, daß die Arbeit am Anfang langsamer geht als später, wenn mehr Erfahrungen vorliegen. Die Istkurve bei diesem Standard of performance hängt aber viel stärker durch als die Plankurve. Im August jedoch überflügelt der Istverlauf der Leistungskennzahl den Planverlauf. Das hängt damit zusammen, daß seit Anfang Juli ein weiterer Fachmann in diesem Team mitwirkt. Das hat im Kostenbudget unter Gehältern und Sozialkosten zu einer Abweichung von monatlich 2500 geführt, die sich über zwei Monate bereits hinzieht. Die Abweichung bei den Kosten kann aber jetzt mit dem *Erreichungsgrad bei der Leistungskennzahl* verglichen werden. Auf diese Weise korrespondieren das Controlling bei den Struktur-Kosten mit dem Controlling bei der Leistung.

Beispiel für das Controlling-Instrumentarium eines Personalleiters

Ein Personalleiter müßte als Planungs- und Steuerungs-Instrumente für seinen Bereich haben:

A) Eine Funktions- oder Stellenbeschreibung, wie sie auf den folgenden Blättern angegeben ist (das Formular wurde von E. Zander und H. Knebel bei den Hamburgischen Electricitätswerken entwickelt; das Beispiel stammt von D. Helfmann, Bensheim, siehe Abb. 9).

Im Kasten 4 dieses Formulars steht das Wort »Zielsetzung«. Das wird deshalb so betont, weil der Begriff »Stellenbeschreibung« gebraucht wird. Besser wäre vielleicht die Bezeichnung »Funktionsbeschreibung«. Das Wort Funktion bringt stärker den Zweck zum Ausdruck als »Stelle«. Aus diesem Grund empfehlen die Verfasser bei der Ausfüllung des Formulars in Ziffer 4 eine »so daß«-Formulierung. Die Zielsetzung im Kasten 4 hat den Charakter eines *Funktionsziels*, während die Standards of performance oder Leistungskennzahlen die Bedeutung eines *Leistungsziels* besitzen.

An sich schildert die Formulierung in Ziffer 4 die Funktion oder Aufgabe des Personalleiters, während unter Ziffer 10 die einzelnen Tätigkeiten und Kompetenzen angegeben sind. Eine solche Funktions- oder Stellenbeschreibung bildet den *qualitativen Rahmen für Aufgabe, Befugnisse und Verantwortung des Stelleninhabers.*

B) Ein Kostenbudget, und zwar als ein fixes Budget der Kostenarten pro Jahr und Monat, wie es für die Gruppe der Arbeitsanalytiker in Abbildung 8 bereits angegeben worden ist. Dieses Kostenbudget bildet einen Teil des *quantitativen Rahmens* für die Kompetenzen des Personalleiters.

C) Leistungskennzahlen oder »standards of performance« als zweiten Teil des quantitativen Rahmens. Und zwar könnte die *Leistungszielsetzung* des Personalchefs in Form folgender Kennzahlen ausgedrückt sein (vgl. »Zero Base Budgeting« Band I):

- Zahl der offenen Stellen, d.h. nicht erfüllte Bedarfsanforderungen als Mengen-SOP (Teilprozeß);
- vielleicht noch besser: Zahl der »ausgeredeten« Bedarfsanforderungen gemäß Schrittmacher-Formel »Braucht man den überhaupt« mit Betonung auf 3 Stellen (Vgl. Band I, Seite 181); Management des Kosten-Treibers;
- Fluktuationsrate;
- Fehlzeitenquote;
- Anzahl der Arbeitsplätze noch ohne analytische Arbeitsbewertung;
- Zahl der eingegangenen Verbesserungsvorschläge.

Materialeinsatz-Soll-Ist-Vergleich

Auf den Kostenstellen ist das sogenannte »Gemeinkostenvolumen« der Fertigung, des Vertriebs und der Verwaltung budgetiert. Lediglich die Fertigungslöhne auf den Kostenstellen der Produktion haben Einzelkostencharakter; d. h. man kann die Lohnscheine auch als Kostenart direkt oder einzeln auf die Erzeugnisse kontieren. Alle anderen Kostenarten – etwa im Drehereibudget in Abb. 5 der Werkzeugverbrauch, die Reparatu-

	STELLENBESCHREIBUNG	
1 Stellenbezeichnung *Leiter der Hauptabteilung P e r s o n a l*	2 Rangstufe *Hauptabteilungsleiter*	3 Ersatz für

4 Zielsetzung

Beschaffung, Auswahl und Bereitstellung der für Erfüllung des Unternehmensziel erforderlichen Mitarbeiter. Aus- und Weiterbildung bereits im Unternehmen tätiger oder neugewonnener Mitarbeiter, so daß sie in der Lage sind, die ihnen gestellten Aufgaben wirkungsvoll und rationell zu erfüllen.

5.1 Stellenbezeichnung des unmittelbaren Vorgesetzten

Leiter des kaufmännischen Geschäftsführungsbereichs

5.2 Stelleninhaber nimmt außerdem fachliche Weisungen entgegen von
(Art und Umfang der fachlichen Weisungsbefugnis müssen mit dem Weisungsberechtigten und dem unmittelbaren Vorgesetzten abgestimmt sein.)

6.1 Stellenbezeichnungen der direkt unterstellten Mitarbeiter

a) Personalleiter Verwaltung (Abteilungsleiter)

b) Personalleiter Werke (Abteilungsleiter)

c) Leiter Personalentwicklung (Abteilungsleiter)

6.2 Stelleninhaber gibt fachliche Weisungen an
(Art und Umfang der fachlichen Weisungsbefugnis müssen mit dem Weisungsempfänger und dessen unmittelbaren Vorgesetzten abgestimmt sein.)

Werksärztlichen Dienst im Rahmen der mit Vorstandsschreiben vom ... getroffenen Vereinbarungen

7 Der Stelleninhaber wird vertreten von
(wenn 2. Vertreter benannt, ebenfalls aufführen)

Personalleiter Verwaltung

8 Der Stelleninhaber vertritt

9 Spezielle Befugnisse
(Hier sind spezielle Vollmachten und Berechtigungen aufzuführen, die nicht an die Rangstufe gebunden sind und darum über die allgemeine Vollmachtenregelung hinausgehen.)

Unterschriftsvollmacht für Holding (in allen Personal- und Ausbildungsfragen); Ermächtigung zur Freigabe von Eingangsrechnungen bis DM 50.000,--

10 Beschreibung der fachlichen Tätigkeiten, die der Stelleninhaber im Rahmen der Führungsgrundsätze selbständig auszuführen hat.

Formulierung der Planungsziele auf dem Gebiete Personalbeschaffung und Personalentwicklung.

Auswahl von Bewerbern im AT-Bereich.

Durchführung von Vorstellungsgesprächen (AT-Bewerber)

Gehaltsfestsetzung (gemeinsam mit dem jeweiligen Vorgesetzten). Jährl. Gehaltsüberprüfung (AT) mit dem jeweiligen Vorgesetzten. Richtlinien der Lohn- und Gehaltspolitik (Festlegung).

Durchführung von regelmäßigen Abteilungsleiterbesprechungen.

Erstellung eines Aus- und Weiterbildungsprogramms.

Auswahl der internen/externen Referenten.

Auswahl der Tagungsstätten.

Übernahme von Referaten innerhalb des Bildungsprogramms.

Beratung der einzelnen Unternehmensbereiche in personellen Fragen, insbesondere auch arbeitsrechtlichen Problemen.

Kontaktpflege zum Betriebsrat (einschließlich Information).

Kontaktpflege zum Arbeitsamt, Ausländerbehörde, Schulen, Handelskammern, öfftl. Behörden.

Koordinierung der Personalplanung (Mitglied im Unternehmensplanungsausschuß).

Information der Geschäftsleitung (in bestimmten Abständen) durch Vorlage und Interpretation des Personalberichts.

Die in der Stellenbeschreibung festgelegte Aufgabenverteilung entspricht in allen Punkten der gültigen Organisation oder wird in den nächsten 12 Monaten realisiert.

Datum	Datum	Datum	Datum
unmittelbarer Vorgesetzter	Abteilungsleiter	HA-Leiter	Personal- und Sozialwesen

Hinweis für den Stelleninhaber

Durch diese Stellenbeschreibung sind Ihre Aufgaben und Kompetenzen verbindlich festgelegt. Sie sind verpflichtet, danach zu handeln und zu entscheiden. Sie müssen Ihren unmittelbaren Vorgesetzten umgehend informieren, wenn sich wesentliche Abweichungen davon ergeben haben.

Abb. 9: Stellenbeschreibung

ren oder der Strom – können nicht als Kostenwert mit einem Beleg der Buchhaltung, sondern nur in einem *Standard*-Kostensatz auf der Basis der Leistungsbezugsgröße Vorgabestunden dem Erzeugnis gemäß Durchlaufplan und Belegungszeit direkt zugeordnet werden.

Bei der Kalkulation der Materialkosten kann man dagegen ohne Umweg über Kostenstellen direkt vom Produkt ausgehen (vgl. Modell der Kalkulation der Standard-Grenzkosten auf Seite 27 des Bandes I. Die *Stückliste* in der Metall verarbeitenden Industrie definiert die Zusammensetzung des Produkts aus Fertigungsmaterial wie Stahlblech oder Rohre bestimmter Abmessung sowie aus eigenerstellten oder fremd gekauften Bauteilen. In der chemischen oder Nahrungsmittelindustrie entspricht der Stückliste die *Rezeptur* des Produkts aus Rohstoffen und Halbfabrikaten, die auch wieder teils gekauft teils selbst hergestellt sein können. Halbfabrikate wie etwa geröstete Haselnüsse in der Schokoladenindustrie können kalkulationstechnisch analog behandelt werden wie die Bauteile in einer Maschinenfabrik.

Der Materialmengen-Soll-Ist-Vergleich hingegen ist bei diesen beiden Produktionstypen (Teilefertigung und Montage einerseits und Prozeßfertigung andererseits) unterschiedlich aufzubauen. Handelt es sich um den Produktionstyp einer Maschinenfabrik, so werden mit einem Auftrag in den Betrieb auf Grund der Stückliste auch die Materialentnahmescheine gegeben. Kommt der Betrieb mit diesen Scheinen nicht aus, muß er *»Nachfaßscheine«* ausstellen. Die Nachfaßscheine können eine besondere Kostenart und Farbe haben und monatlich auf die beziehenden Kostenstellen gelistet werden. Diese Liste bringt die Materialmengenabweichungen bereits zum Ausdruck. Die Kostenstellenleiter hätten damit ein Steuerungssignal, um den Ursachen nachzugehen, die – außer in ihrem eigenen Bereich – natürlich auch darin liegen können, daß die Zeichnungen und Stücklisten nicht vollständig oder nicht präzise genug sind oder daß Konstruktionsänderungen vorgenommen wurden.

Im Falle einer Prozeßfertigung wird der Materialmengen-Soll-Ist-Vergleich im Sinne einer *retrograden Rechnung* durchgeführt. Dazu teilt man den Betrieb in Materialbereiche ein, die meist umfassender sein werden als die Kostenstellen. An jedem »Eingang« sowie »Ausgang« eines solchen Materialbereichs muß ein Wiege-Vorgang stehen (BDE). Meist befindet sich zwischen den Materialbereichen auch ein Zwischenlager.

Der Material-Soll-Ist-Vergleich wäre nach *folgender Formel* durchzuführen je Fabrikations-Stufe/»Zählpunkt«:

Gute Ausbringung des Bereichs an Fertig- und Halbfabrikaten in Kilogramm, multipliziert mit den Rezeptur- und Verlustfaktoren für die Prozesse in diesem Bereich; ergibt Soll-Einsatz an Rohstoffen und Halbfabrikaten in Kilogramm; minus den Ist-Einsatz an Rohstoffen und Halbfabrikaten in Kilogramm ergibt die Materialmengenabweichung in Kilogramm. Bewertet man die Rohstoffe mit ihren Verrechnungspreisen und die Halbfabrikate (soweit selbst hergestellt) mit ihren Standard-Grenzherstellkosten, so erhält man die Materialmengenabweichung in DM.

Die Rezepturfaktoren betreffen die Mischungsverhältnisse; die Verlustfaktoren jene Fälle, in denen man z. B. 110 kg eines Rohstoffes einsetzen muß, um wegen Verschnitt, Abbrand oder Röstverlusten 100 kg eines Halbfabrikats herauszubekommen. Nach dieser Formel kann der Materialeinsatz-Soll-Ist-Vergleich maschinell durchgeführt werden. Voraussetzung dafür ist, daß für alle Rohstoffe, Fertig- und Halbfabrikate ein Nummernsystem besteht, daß ferner die Rezeptur- und Verlustfaktoren je Materialbereich eingespeichert sind sowie Input und Output der Materialbereiche monatlich bei Rohstoffen, Halb- und Fertigfabrikaten nach kg im Ist erfaßt und in die Datenverarbeitung eingegeben wird. Dabei empfiehlt sich auch hier neben dem monatlichen ein kumulativer Soll-Ist-Vergleich. So können – weil sich die Prozeßzeiten mit den Abrechnungszeiträumen überlagern – zeitliche Verschiebungen auftreten. Der Einsatz für eine neue Partie kann erfolgt sein; aber im Output fehlen die Kilogramm dieser Partie. Da man innerhalb der Materialbereiche keine monatlichen Halbfabrikate-Inventuren durchführen kann (zu viel Aufwand), entstehen bei der Abweichungsrechnung

Stöße, die sich aber im kumulativen Soll-Ist-Vergleich saldieren müssen.

Auch hier hat der Soll-Ist-Vergleich zwei Auswirkungen:

1. erfolgt durch die Abweichungsanalyse je Materialbereich eine Kontrolle des effektiven Rohstoff- und Halbfabrikateinsatzes des Betriebes;
2. kontrollieren die Istzahlen die Korrektheit der auch in die Kalkulation der Artikelgrenzkosten eingesetzten Rezeptur- und Verlustfaktoren.

Drei-Stufen-Aktionsprogramm beim Controlling durch Soll-Ist-Vergleiche

Die Abweichungen der Soll-Ist-Vergleichslisten bilden den Einstieg in ein dreistufiges Verbesserungs-Aktionsprogramm:

1. Durch Steuerung und dispositive Planung ist *das Ist zu verbessern:* Wie kann man mehr verkaufen, wie bessere Verkaufserlöse erzielen, wie die Kosten senken durch Rationalisierungsmaßnahmen bzw. einfach durch besseres Achtgeben auf die Kosten seitens jedes einzelnen Mitarbeiters? Der zuständige Manager erhält durch die Abweichungen Steuerungssignale, die ihn möglichst zu Korrekturen veranlassen sollen, wenn die Abweichung günstig ist, bzw. zum konsequenten Fortsetzen eines begonnenen Weges ermutigen sollen, wenn er mehr und Besseres zustande bringt, als die Planung vorsah.
2. *Verbesserung von Zielsetzung und Planung.* Die Abweichungen können auch bedeuten, daß die Planung entweder zu hoch oder zu niedrig angesetzt war. Vielleicht hat sich ein Manager beim Aufbau der Planzahlen überschätzt; vielleicht hat ein anderer tiefgestapelt und bewußt Reserven gebildet. Oder aber es sind Ereignisse eingetreten, mit denen zuvor nicht gerechnet werden konnte. Nach den im I. Band dargestellten Grundsätzen zur Planungsänderung (vgl. dort Seite 144; aber auch die Planungsgrundsätze im 8. Kapitel dieses Bandes) sollte allerdings jetzt nicht gleich

das Budget revidiert werden. Man muß auch den Mut haben, eine Abweichung, deren Ursachen bekannt und nicht zu ändern sind, als Abweichung zu akzeptieren. Vor allem muß es eine Geschäftsleitung lernen einzusehen, daß Abweichungen von der Planung keine bösartigen Tatbestände sind, die zu persönlichen Angriffen auf die betreffenden leitenden Mitarbeiter berechtigen. Jede Unternehmensplanung ist ein *»lernendes System«*. Nur wenn man plant und Abweichungen erzielt, kommt dieser Lernprozeß zustande. Auf Grund solcher Controlling-Prozesse etwas besser beherrschen zu wollen, darf nicht dazu führen, daß man die Vergangenheit tadelt und jemandem zum persönlichen Vorwurf macht.

3. *Management Development.* Abweichungen aus Soll-Ist-Vergleichen bilden auch ein Signal dafür zu prüfen, inwieweit ein Manager *gefördert* werden sollte, um seinen »objectives« besser standzuhalten. Das kann auch dazu führen, daß er gegen einen anderen Mann ausgetauscht werden muß, weil die Anforderungen der Funktion mit der Qualifikation des Mitarbeiters im Zwiespalt liegen. Die Funktion des Controllers, der Soll-Ist-Vergleichslisten nicht nur zu erstellen, sondern sie auch aktiv zu interpretieren hat, berührt deshalb sehr schnell Aufgaben der Personalführung – wie überhaupt Planung von Führung nur schwer zu trennen ist. So hat die Untersuchung der Gründe von Abweichungen – vor allem von sich immer weiter kumulierenden Abweichungen – zur Folge, sich auch über Fragen der *Manager- und Mitarbeiterbeurteilung* Gedanken zu machen und gemeinsam mit Personalleitung und Personalentwicklungsleitung Verbesserungsmaßnahmen im Sinne des Management-Training bzw. der Managerauswahl in Angriff zu nehmen. Protokollbild dazu ist die Erwartungsrechnung – auch mit der Frage verknüpft, ob Abweichungen angekündigt gewesen sind – z.B. mit dem »latest estimate« zum 30.9. Zielerfüllung ist dann trotz Abweichung »100%«, wenn diese angekündigt gewesen ist.

Fallbeispiel eines Drei-Stufen-Aktionsprogramms zur Gewinnverbesserung

Ein Produkt-Manager erhält den Auftrag, ein Erzeugnis mit günstigem Deckungsbeitrag im Markt voranzutreiben. Der Deckungsbeitrag beträgt 45% vom Verkaufserlös. Der Produkt-Manager erhält ein Werbebudget in Höhe von 500 000,–. Das Mindest-Ziel der Umsatzsteigerung mit Hilfe dieser Werbe-Aktion lautet demzufolge:

$$\text{Umsatzziel} = \frac{\text{zusätzliche Fixkosten}}{\text{Deckungsgrad}} = \frac{500\,000}{0{,}45} = 1\,110\,000,\text{–}.$$

Die erzielte Umsatzsteigerung ist aber geringer als dieses Mindestziel. Folglich ergibt sich in der Erfolgsrechnung ein ungünstiges Resultat in der Zeile »Deckungsbeiträge II« oder »Vertriebserfolg« (Erlöse minus Grenzherstellkosten = Deckungsbeitrag I minus direkte fixe Kosten für »Promotion« im Markt = Deckungsbeitrag II). Diese Abweichung gegenüber dem Planziel kann zunächst einmal damit zusammenhängen, daß der Werbe-Erfolg mehr Zeit braucht, als ursprünglich vorgesehen, oder daß die Dosierung zu gering war. Hält aber die ungünstige Abweichung bei Wiederholung an, so ist das dreistufige Aktionsprogramm durchzuspielen:

1. Stufe: Die Werbe-Aktion muß verbessert werden. Wie ist der Streuplan? Ist das Werbemedium geeignet? Kann die Werbung überhaupt erfolgreich sein, verstößt sie zum Beispiel gegen ein Tabu? Geht sie am Kaufmotiv vorbei? Spricht sie das richtige Marktsegment an?

2. Stufe: Ist die Wachstumsprognose für das Produkt realistisch? Stellt sich vielleicht heraus, daß der Markt gar nicht viel mehr als den gegenwärtigen Absatz hergibt, so daß die Plan-Prämisse in der Verkaufs-Strategie unzulässig gewesen ist.

3. Stufe: Ist der Produkt-Manager dem ihm erteilten Auftrag und der damit gegebenen Kompetenz gewachsen? Was kann getan werden, um ihn mit dem Ziel einer verbesserten Leistung zu fördern? Eignet er sich besser für eine andere Aufgabe?

Budget und »Delegation der Verantwortung«

Man redet viel von »Delegation der Verantwortung«. Das ist schon so etwas wie ein Dogma geworden. Oder ist es der Wunsch nach größerer Eigenbestimmtheit bei der Arbeit?

Die Controllerfunktion hat dafür zu sorgen, *daß nicht nur von Dogmen geredet, sondern daß nüchterne Realitäten praktiziert werden.* Das Zahlenhandwerk sorgt dafür, daß man mit den Füßen auf dem Boden bleibt. Auch mit den besten Führungsgrundsätzen kann man Verluste einer Firma nicht kompensieren. Also Self-Control – ökonomisch eingerahmt.

Deshalb wäre zunächst einmal zu erklären, daß es die »Delegation« der Verantwortung gar nicht geben kann. So hat die Unternehmung zum Beispiel ein Umsatzziel. Dieses Ziel muß erreicht werden, wenn das Planungsgebäude der Unternehmung, in dem dieser Umsatz mit Kosten- und Finanzierungszielen gekoppelt ist, nicht ins Wanken geraten soll. Gemäß der Funktionsverteilung im Verkauf – die in schriftlichen Funktions- oder Stellenbeschreibungen niedergelegt sein mag oder auch nicht – wird das Gesamt-Umsatzziel in Bereichsziele zerlegt.

Bis schließlich der einzelne Verkäufer für sein Gebiet seinen Umsatzfahrplan erhalten hat. *Delegiert* ist diesem Verkäufer die *Aufgabe*, daß er verkaufen soll. Delegiert ist ihm ferner die *Kompetenz*, im Rahmen von Richtlinien wie Tourenplanung und vereinbarten Demonstrations-Regeln seine Verkaufsarbeit selbständig zu gestalten; d. h. zu entscheiden, wann er welchen Kunden aufsucht, mit wem er spricht, wie er argumentiert, wie beharrlich er in Sachen Verkaufspreis am Ball bleibt, ob er eine Sonderausführung zugesteht oder nicht, Kleinaufträge annimmt oder nicht, ein Telefongespräch führt statt den Besuch zu machen, einen heranwachsenden Kunden übersieht oder nicht übersieht. Bei all dem handelt es sich um Entscheidungen. Ist der Mitarbeiter kompetent zu entscheiden, so fühlt er sich auch dafür verantwortlich.

Verantwortung ist soviel wie Engagement für die eigene Aufgabe und deren Zusammenspiel mit anderen Funktionen innerhalb der gesamten Unternehmung; bedeutet Identifikation des Mannes mit seinem Tun und dessen Folgen für die Firma. *Verantwortung wird erreicht, wenn man Kompetenzen delegiert; wenn man die Mitarbeiter größer werden läßt, indem man ihnen wachsende, anspruchsvollere Aufgaben anvertraut; wenn man die Mitarbeiter partizipativ in den Entscheidungsprozeß einbezieht, in dem die eigene Zielsetzung und Planung definiert werden soll. Frauen betrifft's genauso.*

So gesehen sollen die Mitarbeiter Verantwortung haben. Oft genug trifft man zum Glück auch Leute, die verantwortungsbewußt arbeiten, ohne daß ihnen diese Verantwortung nach einem Führungsmodell hätte ausdrücklich auch noch »delegiert« werden müssen. Dagegen wird nicht selten mit bedeutungsvollen Worten davon geredet, daß jemand – etwa ein Verkaufsleiter – die Aufgabe des »PC-Chefs« habe und deshalb für den Gewinn »die Verantwortung trage«. Schaut man dann genauer hin, so muß besagter Verkaufsleiter vielleicht erst eine Vorstandsentscheidung einholen, bevor er einen neuen Verkäufer einstellen oder auf einer Ausstellung in seinem Gebiet vertreten sein darf. Hier ist die »Delegation der Verantwortung« bloßes Gerede. Fromme Sprüche! *Kompetenz zu entscheiden* muß den Mitarbeitern gemäß partizipativem Führungsstil anvertraut werden. Und hier kann man nicht »Jein« sagen. Entweder kann der Mitarbeiter entscheiden, oder er kann es nicht.

Aber auch wenn Aufgaben plus Kompetenzen den Mitarbeitern übertragen sind und sie sich demzufolge für ihre Dispositionen verantwortlich fühlen: *der Vorgesetzte wird deswegen seine Verantwortung nicht los!* Die Verantwortung ist kein Entweder/Oder, sondern ein Sowohl/Als auch. *Verantwortung ist kein Delegations-, sondern ein Multiplikationsprozeß.* »Ich möchte, daß sich meine Mitarbeiter *neben mir* für die Firma verantwortlich fühlen.«

Wenn man diese Gedanken zur Diskussion stellt, gibt es meist hitzige Auseinandersetzungen. Gewöhnlich werden dann Beispiele zitiert wie etwa, daß ein Chauffeur die Verkehrsgesetze mißachtet oder ein Kassierer etwas aus der Kasse entnimmt, wofür der Vorgesetzte doch dann nicht »verantwortlich« sein könne, wenn er den betreffenden Mann richtig ausgewählt, informiert und überwacht habe. O. K. Aber das hat doch mit wirtschaftlicher Verantwortung nichts zu tun! Hier handelt es sich um den *juristischen Verantwortungsbegriff im Sinne der Haftung.*

Das Harzburger Führungsmodell behalf sich hier mit einer Trennung des Verantwortungsbegriffes in »Führungs-« und »Handlungsverantwortung«. Danach ist dem Mitarbeiter die Handlungsverantwortung übertragen, während dem Vorgesetzten die Führungsverantwortung verbleibt. Davon halte ich nichts, wenn man sich auf den Begriff der Verantwortung bezieht. Richtig ist, daß der Mitarbeiter kompetent sein soll, in Ausübung seiner Funktionen auch Entscheidungen zu treffen; während der Vorgesetzte die Kompetenz hat, den Mann notfalls zu feuern – oder zu fördern. *Aber im Sinne der Verantwortung muß der Vorgesetzte auch für die Handlungen seiner Mitarbeiter eintreten!* Oder soll der Verkaufsleiter, der sein Umsatzziel zu erfüllen hat und dabei auf seine Verkäufer angewiesen ist, im Falle des Mißlingens erklären, daß es nicht seine Sache, sondern die seiner Mitarbeiter sei, hierfür die »Verantwortung zu tragen«, da er sie ihnen ja doch delegiert habe?

Entscheidungskompetenzen können den Mitarbeitern übertragen werden in dem Rahmen, den Funktionsbeschreibungen und Budgets abstecken. Läuft ein Sachverhalt im Sinne der »Exception« davon, so geht die Entscheidungskompetenz in diesem Ausnahmefall an die vorgesetzte Stelle wieder zurück. Die Verantwortung aber sollte man sehen wie die bekannten russischen Holzpuppen. Die Verantwortung des »kleinen« Mitarbeiters ganz innen drin geht auf in der nächsthöheren Verantwortung, die wieder in der nächsthöheren; und so weiter.

Soll-Ist-Vergleich und Führungsstil

Vertrauen ist gut, Kontrolle ist besser! Der Soll-Ist-Vergleich kommt erst, wenn es zu spät ist. Die Mitarbeiter an ihren Resultaten messen, bedeutet bloß, nachher ihre Fehler zur Kenntnis nehmen und ihre Rechtfertigungen zu hören. Das Auge des Herrn macht das Vieh fett! Laufende Überwachung der Mitarbeiter – wenn auch in Stichproben – ist sicherer als die Erfolgskontrolle hinterdrein. Soll-Ist-Vergleiche müssen deshalb erst einmal über den Schreibtisch des Vorgesetzten und dort zensiert werden!

Demnach sollte der Controller vielleicht doch besser ein Kontrolleur sein!

Planung und Soll-Ist-Vergleich sind von Fragen des Führungsstils nicht zu trennen. Die Planung setzt einen Rahmen, in dem ein Mitarbeiter-Manager sich entfalten können soll; in dem er selbst entscheidet und seine eigenen Aktionen disponiert, seine Mitarbeiter so einsetzt, damit die Planung so weit wie möglich aufgeht. Die Soll-Ist-Vergleiche bilden daher erst einmal *Signale für ihn selber;* damit er sieht, ob sein Bereich auf Plankurs läuft, oder ob er verbessernd eingreifen bzw. im Sinne der dispositiven Planung überlegen muß, wie auf anderen Wegen das Ziel erreicht werden kann. Management by Objectives erfordert nämlich, den Mitarbeitern zu sagen bzw. mit ihnen zu verabreden, WAS sie erreichen sollen, anstatt ihnen vorzuschreiben, WIE sie es zu machen haben. Das Wie ist delegiert mit allen Kompetenzen, die zum Wie gehören. Wenn aber jetzt das Ziel nicht erreicht wird? Wenn der Mitarbeiter zu spät merkt, daß ihm die Dinge entgleiten?

Hier wäre zunächst einmal zu sagen, daß es der Führungsstil eines Vorgesetzten verlangt, daß die Mitarbeiter auf ihn zukommen, wenn sie bei ihren Aufgaben und Erfolgen ein ungutes Gefühl haben. Das tun sie um so eher, je mehr sie merken, daß ihr Vorgesetzter das ehrliche Bestreben hat, *wie ein Trainer zu helfen* anstatt im Falle eines Mißgeschicks loszudonnern. Vor allem das muß der Vorgesetzte erfahren, was mißlingt. Und das beizeiten, so daß noch gemeinsam nach einem neuen Weg gesucht werden kann. Deshalb der Controlling-Vorschaubericht.

Gut. Aber was ist, wenn der Mitarbeiter nicht auf seinen Chef zukommt; nicht weil er Tadel fürchtet, sondern weil er bestimmte Konsequenzen von seiner Warte aus einfach nicht sieht? Was kann der Vorgesetzte von sich aus tun?

Er kann zunächst einmal bestimmte Checkpoints vereinbaren; etwa daß eine Rücksprache notwendig werden soll, wenn im Soll-Ist-Vergleich Abweichungen oder auch kumulierte Abweichungen von jeweils drei Monaten eine bestimmte Toleranz überschreiten. Er kann ferner in regelmäßigen Abständen »presentations« seiner Mitarbeiter veranstalten; d. h. die einzelnen Gruppen berichten über die sich aus ihren Soll-Ist-Vergleichen ergebenden Situationen und Konsequenzen. Überhaupt muß darauf verwiesen werden, daß die Kunst, Fragen zu stellen und den Mitarbeiter zu einer Erläuterung seines Tuns zu veranlassen, Kennzeichen eines modernen Führungsstils bilden. *Fragezeichen sind Angelhaken – auch im Sinne der Mitarbeiterüberwachung.*

Im übrigen aber konzentriert sich das Eingreifen des Vorgesetzten gar nicht auf den Soll-Ist-Vergleich, sondern auf die Planung. Bei jedwedem Ist-Resultat ist es im Grunde genommen immer zu spät – auch bei den sogenannten »Kontrollplänen« in Stichproben nach dem Harzburger Modell. Die Planungsarbeiten beginnen auch deshalb nicht erst am Endes des Jahres für das nächste Jahr, sondern bereits im Frühjahr für das kommende Jahr. Das wurde im I. Band schon an Hand der Darstellung Abb. 30c (Seite 155) erläutert und wurde in diesem Band innerhalb der Planungsgrundsätze auf Seite 28 wiederholt. Die neue Planung berücksichtigt auch die laufenden Soll-Ist-Vergleiche. Der Vorgesetzte erfährt anläßlich des Aufbaus eines neuen Zielsetzungs- und Budgetentwurfs für das nächste Jahr sowie während der Überarbeitung der 5-Jahres-Planung eine Rückmeldung auch über das laufende Geschäft. Bei der Planung sind die Soll-Ist-Vergleiche zu Rate zu ziehen. Planung ist auch aus diesem Grunde keine reine Angelegenheit für Planungsspezialisten, sondern eine Aufgabe für jeden Linienchef selber. *Jedes Planungsgespräch ist nämlich gleichzeitig ein Mitarbeiter-Beurteilungsgespräch.* Angekündigte Abweichungen sind beherrschbar (controllable).

Beim Aufbau der Planungsmaßstäbe oder »objectives« muß der Vorgesetzte einen Planungs- und Führungsstil praktizieren, der dazu verhilft, daß die Planung zu einer Leistung oder Anstrengung herausfordert; daß aber der Mitarbeiter nicht überfordert ist. Beides wirkt de-motivierend: die Überforderung ebenso wie die Unterforderung.

Über- oder Unterforderung von Mitarbeitern bezieht sich auch auf das Maß der übertragenen Kompetenzen. Auch hier kann ein Vorgesetzter überfordern. Es hat keinen Sinn, Entscheidungskompetenzen innerhalb von Budgetmaßstäben zu übertragen, wenn es ein Mitarbeiter geistig nicht bewältigt und seine Aufgabe in vollem Umfange noch nicht verdaut hat. Es gibt keine große Leistung, sondern Frustrationen und Neurosen, wenn man seine Mitarbeiter von heute auf morgen ins kalte Wasser wirft und ihnen Delegation von neuen Kompetenzen und damit selbständiges Arbeiten und Entscheiden einfach vorschreibt. Nichts ist so erfolgreich wie der Erfolg. Die Ziele und Kompetenzen müssen so gesteckt sein, daß sie erreicht und bewältigt werden können; aber gleichzeitig auch einen Anspruch enthalten.

Der Vorgesetzte muß wie ein Trainer beim Fußball fungieren. Er wird Spieler haben, denen er weitgehend Spiel*raum* lassen kann. Bei anderen bedarf es engerer Tuchfühlung zum Trainer. Hier können Kompetenzen nur in kleinerer Dosierung erteilt werden.

Alle Maßstäbe für Leistungsziele lassen sich in *4 Objectives-Grundelemente* zerlegen:

in M für die Mengenleistung,

in Q für die Qualität der Leistung,

in T für die Termine, zu denen die Leistungen erbracht sein sollen,

in K für die Kosten, mit denen die Leistung zu erreichen ist.

Der Deckungsbeitrag II des Profit Center-Budgets auf Seite 35 enthält als höherwertige »Zielscheibe« alle die vier Grundelemente oder »basic objectives«: M für die verkaufte Stückzahl, Q für die erzielten Verkaufspreise, T für das Erreichen des Ziels in einem bestimmten Zeitraum, K für die mit dieser Verkaufsaufgabe und -zielsetzung verbundenen Kosten.

Auch das Kostenbudget der Dreherei enthält zumindest drei Elemente: M für die Zahl der Vorgabestunden; Q für die gelieferte Qualität, weil nur die Stunden anerkannt werden, denen »gute Stücke« zugrunde liegen; K für die benötigten Kosten. Auch hier könnte man Terminziele im Monatsintervall sehen; vor allem wenn die Stellenleiter zusammen mit der Arbeitsvorbereitung auch Einfluß auf die Reihenfolge der Aufträge haben.

Die Kompetenzen der Mitarbeiter und damit auch die Budgets und Soll-Ist-Vergleiche sind *schrittweise* entlang dieser vier Grund-Objectives aufzubauen. Vielleicht gibt man am Anfang nur Ziele für die Mengenleistung und dafür Kompetenzen sowie im Soll-Ist-Vergleich ein Instrument der Selbstkontrolle. Dann können die Qualität, später die Kosten und die Termine als Kompetenzbereiche hinzugefügt werden, wenn der Mitarbeiter reif dafür ist. Man spricht hier von *»job enlargement«* oder *»job enrichment«*. Außerdem folgt daraus, daß *Fragen des Führungsstils nicht statisch und modellartig, sondern dynamisch und situationell zu regeln* sind.

Einen modernen Manager zeichnen deshalb hauptsächlich 2 Eigenschaften aus:

1. *»action flexibility«* – Aktivität und Durchsetzungsvermögen, aber nicht »stur wie ein Panzer«, sondern elastisch und flexibel; wobei Mauern auch einmal umgangen werden, wenn sie sich nicht einreißen lassen.
2. *»social sensitivity«* – das Gespür für die Rückmeldung vom anderen; das Gefühl dafür, wo ein Mitarbeiter zu motivieren ist, was man von ihm verlangen und erwarten, was man ihm an Kompetenzen zumuten und zutrauen kann; das empfängerorientierte Verhalten des Chefs, der nicht befehlen, sondern überzeugen will.

Ziel-/Ist-Vergleich

So müßte das Wort hier eigentlich heißen. Aber »Soll-/Ist-Vergleich« – der SIV – ist ein Markenartikel geworden. Ausdrücke im Controlling stammen oft aus der Wiegenzeit z. B. der Deckungsbeitragsrechnung bzw. flexiblen Plankostenrechnung und passen nicht mehr recht zu den heutigen Inhalten. Aber das Wort ist deponiert. So wie Namen auch, die Kinder dann kriegen, wenn sie auf die Welt kommen. Der »SIV« bedeutet zugleich »meet my standards« – ich begegne meinen Zielen.

Statt SIV also ZIV

ZIV ist das Kürzel für »Ziel-Ist-Vorschau«. Dies ist der Kern eines Controllingberichts, arrangiert im Formular z.B. der Seite 31. Da die Vorschau maßnahmenuntermauert ist, hätte der ZIV gesprächsbegleitend mit dem Management zu erfolgen. Dazu der Frage-Stil »wie es weitergeht« Statt »wie kam's dazu«. Motivation der Menschen ist da, wenn man das, was Motivation behindert, wegnimmt.

10. Kapitel

Zielkennzahlen und Controller-Berichte

Die Fachleute des Rechnungswesens betrachten sehr häufig ihre Aufgaben dann als erfüllt, wenn die Zahlen stimmen und die durchgeführten Analysen betriebswirtschaftlich in Ordnung sind. Zahleninformationen besitzen die *Funktion eines Werkzeugs.* So wie ein Werkzeug unnütz ist, wenn es niemand zur Verbesserung und Erleichterung seiner Arbeit einsetzt, haben auch die besten Controller-Berichte keinen praktischen Sinn, wenn die Empfänger die darin enthaltenen Informationen nicht zu ihrer eigenen Angelegenheit machen.

Die allererste Forderung, die an die Controller-Funktion zu stellen ist, lautet deshalb: *Empfängerorientiert berichten!* Leider sind die Berichte, die man in der Praxis aus dem Bereich des Rechnungswesens sieht, immer viel zu stark absenderorientiert aufgebaut. Sie sind dem Apparat der Zahlenermittlung – vor allem auch dem Apparat der Buchhaltung verhaftet – und bekommen für die Manager, die mit den Zahlen arbeiten sollen und diesen Apparat nicht kennen, den Charakter eines Fremdkörpers. Dies gilt auch für Computer-Releases.

Controller-Berichte müssen folglich dem Inhalt nach so gestaltet sein, daß sie der Empfänger versteht. Der Schreiber des Berichts muß sich auf den Stuhl seines Kunden setzen. Vor allem ist auch darauf zu achten, daß keine Formulierungen auftauchen, die zwischen den Zeilen als Tadel aufgefaßt werden.

Überdies sind Controllerberichte dann, wenn sie geliefert werden, *halbfertig.* Sie sind erst komplett als Protokoll einer Controlling Talk Show. Vgl. Formular Abb. 2 b. Controller Funktion ist das Marketing des Rechnungswesens. Vgl. Seite 30 und 31.

Sensitivity-Übungen im Controller-Bericht

In einem Controller-Protokoll findet sich zum Beispiel folgende Formulierung:

»Um künftig Mißverständnisse von vornherein auszuschließen, wird auf die Übersendung der jährlichen Sowieso-Information an die Stelle X verzichtet.«

Zwischen den Zeilen steht hier: »Wenn Ihr zu dumm dazu seid, um diese Liste zu verstehen, braucht ihr sie in Zukunft gar nicht mehr zu sehen.«

Entsprechend ungehalten wird die Stelle X reagieren und jedenfalls weiterhin diese Information haben wollen sowie daran herummäkeln. Vor allem wird nie eine Beschwerde darüber kommen, daß man sich über eine Berichtsformulierung unterschwellig geärgert hat. Unausgesprochene Reklamationen sind jedoch die schlimmsten. Man kann nichts dagegen unternehmen, weil man nichts weiß.

»Mit Herrn D. wurde vereinbart, daß er an der Errechnung der einzelnen Abweichungen bei der Liste ... teilnimmt, um die Management-Ergebnisrechnung auch hinsichtlich dieses Teils vollständig zu verstehen und zu würdigen.«

Zwischen den Zeilen wird hier gesagt: »Herr D., Sie brauchen Nachhilfeunterricht. Nachdem wir ihnen die Sache schon mehrfach erläutert und Sie es bis heute immer noch nicht begriffen haben, kommen Sie eben her und rechnen selber die Geschichte durch, bis Sie's endlich kapieren.«

In diesem Zusammenhang wird gerne das Modell des Eisbergs angeführt. Nur ein kleiner Teil des Eisbergs ist sichtbar; der größere Teil ist unterhalb der Wasseroberfläche verborgen. Im sichtbaren Teil argumentieren wir *logisch;* im unsichtbaren, aber umfangreicheren Teil *psycho-logisch.*

Sagt zum Beispiel ein Vorgesetzter oder Stabsmann zu einem Mitarbeiter oder Gesprächspartner:

»Wir machen das jetzt besser«;

so heißt das vielleicht unter der Wasseroberfläche für den anderen:

»Ich war also bisher zu dumm dazu.«

Oder

»Wir kriegen das dann viel schneller hin«;

»Die halten mich wohl für einen lahmen Hund.«

Oder

»Das wird jetzt wesentlich moderner«;

»Der meint, ich sei noch im Mittelalter.«

Oder

»Wir müssen von nun an besser auf die Kosten sehen und billiger arbeiten«;

»Ich bin also ein Verschwender.«

»Social Sensitivity« eines Managers bedeutet, daß man bei Formulierungen, die logisch und sachlich völlig in Ordnung sein mögen, die psycho-logischen Motivationen und Frustrationen des anderen einkalkuliert – nicht um ihn absichtlich zu manipulieren oder einzulullen, sondern um ihn ungehemmt »kommen« zu lassen. Motivation entsteht, wenn De-Motivatoren weg sind.

»Completed staff work« des Controllers

Aber nicht allein die Formulierungen und Zahlendarstellungen der Controller-Berichte sollen so ausgelegt sein, daß sie von den Empfängern in Geschäftsleitung, Verkauf, Technik, Einkauf auch verstanden und akzeptiert werden. Der Controller-Bereich muß darüber hinaus für seine Zahleninformationen und die darin steckenden Entscheidungsalternativen *motivieren.* Die Fachleute des Controller-Bereichs müssen als *»Verkäufer« ihrer Informationen* tätig sein. Deshalb sollte man den Bereich des Controllers nicht »Rechnungswesen« nennen, sondern unbedingt *»Informations- und Rechnungswesen«.*

Mit diesen Informationen muß aber auch gearbeitet werden. »Completed staff work« oder »Vollendete Stabsarbeit« verlangt, daß man

- nicht nur Alternativen zeigt, sondern bestimmte Alternativen *empfiehlt;*
- nicht nur Zahlen berichtet, sondern für deren Konsequenzen *motiviert;*
- nicht nur Deckungsbeiträge listet, sondern sie gezielt zum *Einstieg* in neue Planungen hernimmt;
- Ziele wie Break-even-Punkte nicht nur errechnet, sondern sich für deren Erfüllung *engagiert.*

Der Controller wirkt als ein *Ziel- und Planverkäufer.* Es kommt deshalb bei seinen Berichten nicht nur darauf an, daß sie termingemäß vorliegen und alle wesentlichen Informationen enthalten. Der Controller muß für seine Zahlen auch eine *Presentation«* veranstalten. *Er ist ein Trainer in Sachen Zielsetzung bei Umsatz, Kosten und Gewinn.* Dazu gehört auch das Handwerkzeug des Trainers wie Flip-Chart-Gestell, PC oder Tageslichtprojektor. Rechnerische Konsequenzen, die bei einer Controller-Berichts-Konferenz im Beisein aller ermittelt und so vorgeführt werden, daß jeder die Zusammenhänge sieht, motivieren und verpflichten ganz anders, als wenn man nur das letzte Resultat erfährt, das der Controller im »stillen Kämmerlein« zusammengestellt hat. Berichte sind begleitende Protokolle.

Die Fachleute des Controller-Bereichs müssen demnach wie Verkäufer *»Kundenbesuche«* machen. Sie sollten nicht nur hinter ihrem eigenen Schreibtisch, sondern vor den Schreibtischen anderer zu finden sein. Sie sollten für wesentliche Zusammenhänge, die mehrere Funktionen im Unternehmen angehen, *»Einkaufskonferenzen«* für Zahlen veranstalten. Der Controller darf *nicht nur »Problemlöser«, sondern er muß auch »Konfliktlöser«* sein (Begriffe von J. Häusler).

Die Beratungskompetenz des Controllers ist ganzheitlich anzulegen.

„Balanced Scorecard“ – Berichtsformular

Finanzwirtschaftliche Perspektive	
Ziel	Messgröße
Umsatzsteigerung	Netto-Umsatz
Gewinn	Brutto-Betriebsergebnis
Rentabilität	Return on Sales
Kapitalverzinsung	Return on Investment / CF ROI
Liquidität	Free Cash Flow
Kundenperspektive	
Ziel	Messgröße
Marktdurchdringung	Marktanteil absolut / relativ
Kundentreue	Stammkundenquote
Kundenzufriedenheit	Index
Kundenverläßlichkeit	Stornos
Fehlerfreie Produkte	Retouren
Innovations- und Wissensperspektive	
Ziel	Messgröße
Neue Produkte	Umsatz Neu- / Gesamtprodukte
Qualität aufs erste Mal	Änderungen / Nachbesserungen
Kontinuierliche Verbesserung	Weiterbildungskosten / Mitarbeiter
Talent zum Wandel	Anteil Mitarbeiter in Projekten
Prozessperspektive	
Ziel	Messgröße
Steuerungskompetenz	Produktions-Durchlaufzeit
Qualität	Ausschussanteil
Produktionseffizienz	Anlagenverfügbarkeit / Fehlzeitquote
Credit Management	Zahlungsziel / DSO
Verkaufseffizienz	Deckungsbeitrag I: direkte Struko
Jahr 2001	Datum: 1.7.2000

„Ausgewogenes Kennzahlen-Cockpit“

	Einheit	Ist-Werte Quartal				Zielwert Jahr	erreicht % bis jetzt	erreicht % erwartet
		1	2	3	4			
	Mio. €							
	Mio. €							
	%							
	%							
	Mio. €							

	Einheit	Ist-Werte Quartal				Zielwert Jahr	erreicht % bis jetzt	erreicht % erwartet
		1	2	3	4			
	% / Faktor							
	%							
	Punkte							
	Anzahl							
	Stück							

	Einheit	Ist-Werte Quartal				Zielwert Jahr	erreicht % bis jetzt	erreicht % erwartet
		1	2	3	4			
	%							
	Zahl							
	%							
	%							

	Einheit	Ist-Werte Quartal				Zielwert Jahr	erreicht % bis jetzt	erreicht % erwartet
		1	2	3	4			
	Tage							
	%							
	%							
	Tage							
	Faktor							
		Blatt für Herrn / Frau						

Balanced Scorecard

Dieses von den Autoren Norton und Kaplan ausgemünzte Wort erweist sich als ein Lieblings-Begriff der Manager und Controller um die Jahrhundertwende herum (seit 1997). Dafür gibt es wohl drei Motive:

1) Bei der dominierenden Betonung der Finanzzielgrößen kommen weiche Faktoren wie Kundenzufriedenheit, Mitarbeiterzufriedenheit, Innovationskraft oft zu kurz. Dann ist die Zielformulierung nicht ausgewogen, was in diesem Buch immer schon mit dem WEG-Modell (Band I, Seite 12, Abbildung 1) ausgedrückt ist.
2) Die Lust daran, ein Blatt zu haben als Bericht, das man gefaltet in die Hemdtasche, Jackentasche oder sogar in die Schlafanzugtasche hineinstecken kann. Also eben nicht den Bildschirm einschalten müssen, sondern eine Karte – one card only – mit sich führen zu können.
3) Golfspieler nennen die Karte, in die sie ihre Punkte eintragen, »Scorecard«. Da auch unter Topmanagern Golfspielen eine beliebte Sportart ist, könnte die ökonomische Scorecard sich beim Golfspielen rumgesprochen haben (wobei bei einem 18-Loch-Golfplatz 18 Zeilen vorgesehen sind; Formular 9a hat 19 Zeilen – das 19. Loch ist der »Dorfbrunnen«).

Die Zielkennzahlen sind in vier Perspektiven geordnet und bedingen sich gegenseitig. So ist immer schon festgestellt worden eine positive Korrelation zwischen Marktanteil und Return on Investment. Kundentreue und Marktanteil sind verknüpft mit neuen Produkten und Qualität auf's erste Mal. Kundenzufriedenheit, Umsatzsteigerung, Steuerungskompetenz und Tage Zahlungsziel sind verflochten.

Und dann geht es darum, daß nach dem Modell der Abbildung 1 auf Seite 14 im Band II diese Zielkennzahlen übertragen sind in Einzelziele bei den Mitarbeitern. Führung durch Ziele verlangt, daß jeder Mitarbeiter vor sich sieht, was dies für ihn selber bedeutet. Also haben wir neuen Anlaß, mit Hilfe eines solchen ausgewogenen Kennzahlencockpits die coachende Rolle des Controllerdienstes für das Gesamtmanagement auszubauen, um die Controllingkompetenz der einzelnen »vor Ort« zu fördern.

Dies wird auch bestärkt von dem Berichtsbild in den Spalten des Balanced Scorecard-Cockpit. Die Quartalsspalten hätten die Ist-Werte zu berichten – ohne irgendwelche Abgrenzungen (vgl. Anhang 2000 in diesem Band II). Manche Zielgrößen addieren sich dann von Quartal I zu Quartal II, z.B. Umsatz oder Free Cash Flow. Andere wie Kundenzufriedenheit sind Indexzahlen, die oszillieren. Die Ist-Werte sind jeweils zu vergleichen mit dem Zielwert des Jahres. **Die Abweichung besteht also jeweils zwischen Iststand erreicht und Ziel des Jahres.** Dies fördert die Denkweise »ZIV« – Ziel, Ist, Vorschaubericht.

Die vorletzte Spalte ist der Erreichungsgrad aufgelaufen bis jetzt. Dann ist zu erwägen, wie es mit welchen Maßnahmen weitergehen soll – was kann jeder vor Ort selber in Gang setzen, um den Zielkurs zu halten und eventuell Korrekturzündungen einzuleiten. Die praktische Berichtsarbeit des Controllers kann protokolliert sein im Rahmen des Formulars 2b – **Formular 4 Fenster.**

Das System der Management-Erfolgsrechnung als »Bau-Kern« für Controller-Berichte im engeren Sinn

Nach der Funktionsbeschreibung soll der Controller dafür sorgen, daß ein Apparat existiert, der darauf hinwirkt, daß die Unternehmung Gewinn erzielt. Also muß sich das Gerüst der Controller-Berichte auf die Zusammenhänge zwischen Umsatz, Kosten und Gewinn konzentrieren. Das ist unentrinnbar.

Die Management-Erfolgsrechnung fungiert als eine Art zentrales Steuerungspult der Komponenten des Gewinns. Dieses System ist bereits im I. Band ab Seite 157 dargestellt worden (vgl. vor allem Abbildung 31 »daselbst«). Die folgende Abbildung 10 zeigt gemäß diesem Modell ein Praxisbeispiel (1970 entwickelt in Zusammenarbeit mit W. Germeroth und seinen Mitarbeitern, Lörrach); doch fehlt noch die Erwartungsrechnung.

1. Teil: Artikelgruppen-Ergebnisrechnung

Ergebnis-Ermittlung / Artikelgruppen	Gruppe I	Gruppe II	Gruppe III	Gruppe IV	TOTAL
Budgetierter Absatz Verkauf effektiv Abweichung in Tonnen					
	DM	DM	DM	DM	DM
Rechnungswert – Erlösschmälerungen (Standard)					
= Netto-Erlöse – Proportionale Kosten					
= Deckungsbeitrag I					
– Artikeldirekte Fixkosten					
= Deckungsbeitrag II					
– Restliche Fixkosten					
= Standardergebnis vor Kapitalertragsziel – Kapitaldienstziel					
= Standardergebnis nach Kapitaldienstziel					

2. Teil: Abweichungs-Analyse

Abweichungsart / Ressort	Ressortbereiche: Vertrieb	Betrieb	Einkauf	Verwaltung	Geschäftsleitung	
	DM	DM	DM	DM	DM	
± Abweichung Erlösschmälerungen	×					
± Verbrauchsabweichungen	×	×	×	×	×	
± Beschäftigungsabweichungen	×	×			×	
± Rohstoff-Mengenabweichungen		×				
± Rohstoff-Preisabweichungen			×			
= MANAGEMENT-ERFOLG						

3. Teil: Abstimmbrücke zum Bilanzergebnis

+ ./. Abweichungen Kapitaldienstziel ± A. o. Erlöse und a. o. Kosten ± Bewertungsdifferenzen ± Auflösung/Bildung Rückstellungen ± Verrechnungsabweichungen			
= BILANZERGEBNIS			

Abb. 10: Management-Erfolgsrechnung

Wie schon ausgeführt, gliedert sich die Management-Erfolgsrechnung in drei Abschnitte:

- die *Verkaufserfolgsrechnung* oder Artikelgruppen-Ergebnisrechnung;
- die *Abweichungsanalyse* bei Erlösschmälerungen, Kosten und Einkaufspreisen;
- die *Abstimmbrücke* zwischen Management-Erfolg und Bilanz-Erfolg, die zugleich eine rechentechnische Abstimmung zwischen Controller und Treasurer herbeiführt.

Die Management-Erfolgsrechnung bringt eine Gruppierung der Größen, die den Gewinn oder auch den Verlust zustande gebracht haben. Hinter jeder Position dieser Liste stehen Detail-Aufstellungen, um von der gebündelten Information in die einzelnen Komponenten vordringen zu können – besonders wenn sich im Soll-Ist-Vergleich größere Abweichungen herausstellen.

Die Artikelgruppen-Ergebnisrechnung faßt die Artikelerfolgsrechnung zu vier Erzeugnisgruppen zusammen. In der Computerliste der Artikelerfolgsrechnung sind die in den Zeilen der Abbildung 10 stehenden Informationen für jede einzelne Artikelnummer ersichtlich. Allerdings stehen in dieser Liste die Artikelnummern in den Zeilen und die Umsatz-, Deckungsbeitrags-, Kosten- und Ergebniszahlen in den Spalten. Die Abbildung 10 ist also keine maschinelle Zusammenfassung der Artikelerfolgsrechnung, sondern die Zwischentotale der vier Erzeugnisgruppen wurden mit Schreibmaschine in das Formblatt der Managements-Erfolgsrechnung übertragen. Ähnliches gilt nachher für das Einsetzen der Abweichungen, von denen jede auch wieder aus detaillierten Listen der elektronischen Datenverarbeitung stammt. Heute vielfach SAP-Excel-Verbund.

Im Kopf der Artikelergebnisrechnung steht zunächst der Absatzplan in Tonnen und die Abweichungen davon. Sodann folgen die Rechnungswerte – nämlich die fakturierten Brutto-Erlöse. Von diesen werden die Standard-Erlösschmälerungen abgesetzt. Und zwar ist für jede Artikelgruppe ein spezieller Erlösschmälerungs-Prozentsatz im Artikelstammsatz für die Fakturierung eingespeichert. Mit jedem fakturierten Umsatzbetrag wird über diesen Faktor die Standard-Erlösschmälerung errechnet. Der Unterschied zu den gebuchten Erlösschmälerungen zeigt sich in der Abweichungsanalyse an erster Position. Diese Abweichung bei den Erlösschmälerungen wird ihrerseits zerlegt in eine besondere Erlösschmälerungs-Analyse, um dem Marketing ins einzelne segmentierte Informationen hinsichtlich der Erlösschmälerungspolitik zu liefern.

Die proportionalen Kosten wurden in der Artikelerfolgsrechnung gleichfalls über Standards ermittelt. Für jede Artikelnummer werden auf Grund der Standardkalkulation die Standardgrenzkosten im Speicher des Artikelstammsatzes bereitgehalten. Mit jeder Rechnungszeile nach Artikelnummer und Stückzahl ergeben sich dadurch die Standardgrenzkosten des Umsatzes. Nach deren Abzug von den Netto-Erlösen erhält das Management Informationen über die im Abrechnungszeitraum erwirtschafteten Deckungsbeiträge I.

Die Deckungsbeiträge I bilden den Einstieg in die Artikelbeurteilung (vgl. Band I, Abb. 13). Dazu sind die Daten der Strategieliste zu Rate zu ziehen (Zahlenbeispiel im Band I, Abb. 32). Nicht das monatliche oder quartalsmäßige Volumen der Deckungsbeiträge sagt schon, welches Erzeugnis der bessere »Verdiener« im Sortiment ist. Es kommt darauf an, bei welchem Artikel *zusätzliche* Stückzahlen besonders viel zusätzlichen Deckungsbeitrag erzielen. Dazu bedarf es der Information über den Deckungsbeitrag je Einheit bzw. je Stunde, falls in der Produktion Engpässe bestehen und zusätzliche Stückzahlen bei einem Produkt die Verdrängung von Stückzahlen bei einem oder einigen anderen zur Folge haben.

Vom Deckungsbeitrag I werden sodann die artikeldirekten Fixkosten vor allem für Werbung und Verkaufsförderung abgezogen. In der *ersten Ausbaustufe* dieses Systems wurden sowohl die artikeldirekten Fixkosten wie die restlichen Fixkosten und das Kapitaldienstziel allerdings nicht als Budget-Blöcke des Zeitraums, sondern »ratierlich« – also in Raten je verkauftes

Stück – in die Artikelerfolgsrechnung übernommen. Damit blieb ein Verbindungsstück zur seitherigen Vollkosten-Trägerrechnung erhalten; nur daß eben die Standardkostensätze in die vier Straßen der Standard-Grenzkosten, Standard-Direktfixkosten, Standard-Restfixkosten und Standard-Kapitaldienstraten zerlegt sind. Es ist oft empfehlenswert, sozusagen als »Geländer« an der steilen Treppe der Deckungsbeitragsrechnung noch die seitherige Vollkosten-Rechnung parallel dazu anzubringen, bis das Management kundig genug ist, um »schwindelfrei« auf der Leiter der Deckungsbeiträge auf und ab zu klettern.

Die Verrechnungsraten für die fixen Kosten sowie den Kapitaldienst wurden gleichfalls in der Standardkalkulation der Erzeugnisse ermittelt. Sie sind als differenzierte Soll-Deckungsbeiträge zu verstehen, wie sie auch in der Strategieliste ausgewiesen sind als Preisziel- und Preissicherungsrechnung (vgl. Band I, Seite 160). An sich würden diese Raten dort als eine Art Kostengerüst für das Abstürzen der Verkaufspreise ihre Schuldigkeit bereits getan haben. Es besteht kein Zwang, damit auch in der Artikelerfolgsrechnung zu operieren. Aber wie gesagt, im Übergang auf das neue System des Controller-Berichtswesens wurden die Informationen, an die man seither gewöhnt war, zunächst beibehalten. Dadurch ist es natürlich auch möglich, die restlichen Fixkosten sowie den Kapitaldienst für die einzelenn Artikel und Artikelgruppen auszuweisen, was an sich sonst nur bei den artikeldirekten Fixkosten möglich wäre.

Dafür daß die fixen Kosten in Raten auf die verkauften Stückzahlen verrechnet wurden, entstehen in der Abweichungsanalyse notgedrungen Beschäftigungsabweichungen. Die Fixkosten bedurften zu ihrer Ermittlung einer Annahme über Planbeschäftigung und Planabsatz, so daß zu viel oder zu wenig verrechnet sein können je nachdem, ob die Ist-Beschäftigung höher oder niedriger liegt als geplant. Andererseits taucht dafür in der Abstimmbrücke die im Band I, Seite 158, geschilderte Abgrenzungsposition der fixen Kosten in der Bestandsveränderung an Halb- und Fertigfabrikaten nicht auf. Wäre zum Beispiel die Produktion größer als der Absatz, so wären nur die Fixkosten auf die verkauften Stückzahlen in der Verkaufserfolgsrechnung ausgewiesen. Die Fixkosten, die auf die Bestandserhöhung entfallen, wären mit den Standardraten bereits auf die Bestandskonten weitergegangen. Würde man dagegen die fixen Kosten blockweise verrechnen, so wäre im Falle des niedrigeren Absatzes und einer Bewertung der Bestandserhöhung mit anteiligen Fixkosten in der Bilanz der Management-Erfolg niedriger als der Bilanzerfolg, was in der Abstimmbrücke auszugleichen ist zwischen Betriebsergebnis und Bilanzgewinn.

Der Deckungsbeitrag II, der sich in der Artikelgruppen-Ergebnisrechnung nach Abzug der artikeldirekten Kosten vor allem für Werbung und Verkaufsförderung herausstellt, bildet den Einstieg in die Strategie-Beurteilung; d. h. in die Abschätzung des Erfolgs der eingeschlagenen Werbe- und Verkaufsförderungs-Strategie (vgl. auch Seite 66 im I. Band sowie Seite 69 im Band II). Durch die ratierliche Verrechnung der fixen Kosten ist die Aussagekraft des Deckungsbeitrages II allerdings etwas gebremst. Deshalb benutzt dieses System eines Baukerns für den Controller-Bericht in seiner zweiten Ausbaustufe auch nicht mehr die Standardraten für die artikeldirekten Fixkosten, sondern setzt in die Zeile »artikeldirekte Fixkosten« die monatlichen bzw. quartalsweisen Budgetblöcke der Fixkosten sowie die in dem betreffenden Zeitraum entstandenen Abweichungen der direkten Istkosten für Werbung und Verkaufsförderung gegenüber den Budgetwerten ein. Dadurch gewinnt der Deckungsbeitrag II im Interesse der Strategiebeurteilung für das Produkt-Management eine verstärkte Aussagefähigkeit.

Das Ergebnis der Artikelerfolgsrechnung wurde »Standard-Ergebnis« genannt, weil es nur zum Teil (beim Erlös nach Stückzahlen und Rechnungswerten) aus echten Ist-Informationen besteht und zum größeren Teil aus Standard- und Budgetwerten. Deshalb ist das Standard-Ergebnis über die Abweichungs-Analyse zum Ist-Management-Erfolg umzuformen.

Käme beim Standard-Ergebnis nach Kapitaldienst eine Minuszahl heraus, so bedeutet das übrigens keinen Verlust, solange das Standard-Ergebnis vor Kapitaldienst noch positiv ist. Eine

Minus-Information an der letzten Position der Artikelgruppenergebnisrechnung bietet die Auskunft *»nicht erreichtes Ziel«.*

Der Einbau der Abweichungen in die Abweichungs-Analyse

Die Abweichungen werden in diesem System als Korrekturen der Fixkosten behandelt bzw. als Anspannungen oder Lockerungen des Deckungsziels – gleichgültig aus welchen Gründen diese Abweichungen entstanden sind. Sie werden deshalb nicht artikelweise, sondern *ressortbezogen* gezeigt. Abweichungen bilden Signale für die zuständigen Manager, etwas zur Gegensteuerung zu unternehmen oder zur Sicherung der erreichten besseren Positionen bei vorteilhaften Abweichungen.

Die Verbrauchsabweichungen resultieren aus den Soll-Ist-Vergleichen auf den Kostenstellen in jedem Ressortbereich. So erbrachte der Soll-Ist-Vergleich der Dreherei in Abb. 7 eine günstige Abweichung (Verbrauchsabweichung) von 532,– oder der Soll-Ist-Vergleich bei den Arbeitsanalytikern in Abb. 8 eine ungünstige Abweichung der Kosten vom Budget in Höhe von 2650,–. Abweichungen nicht zu hindern, ist »Struko«.

Beschäftigungsabweichungen entstehen auf Grund der ratierlichen Verrechnung der fixen Kosten in der Artikelerfolgsrechnung. Dazu auf Grund der Abbildung 7 ein *Rechenbeispiel:*

Istkosten	–	Sollkosten	–	auf Erzeugnisse verrechnete Kosten
				a) ratierlich
38 280,– (Abb. 7)	–	38 812,– (Abb. 7)	–	2400 Stunden · (12,80 + 4,05) = 40 440,–
= Verbrauchsabweichung 532,– günstig				= Beschäftigungsabweichung 1628,– günstig
				b) blockweise 2400 Stunden · 12,80 + 8092,– = 38 812,–
				= Beschäftigungsabweichung in Höhe von Null.

Der Unterschied zwischen den Istkosten und den Sollkosten ergibt die Verbrauchsabweichung. Im Falle der ratierlichen Fixkostenverrechnung auf die Erzeugnisse werden die effektiv geleisteten 2400 Stunden nicht nur mit dem Grenzkostensatz, sondern auch mit der Fixkostenrate aus dem Stammsatz des Kostenplans in Abbildung 5 auf Seite 43 bewertet. Die Standardrate von 4,05 ermittelte sich auf der Basis von 2000 Stunden. Bei 2400 Stunden hätte der Verrechnungssatz niedriger sein können. Deshalb wurden während des Monats zuviel fixe Kosten in die Artikelerfolgsrechnung eingesetzt, was die günstige Beschäftigungsabweichung wieder ausgleicht. Dagegen entsteht eine Beschäftigungsabweichung im Falle des blockweisen Einbaus der Fixkosten in die Artikelerfolgsrechnung nicht. Der Budgetblock von 8092,– stammt ebenfalls aus dem Kostenplanstammsatz auf Seite 43.

Wie die Rohstoffmengenabweichung ermittelt wird, zeigt die Formel auf Seite 66. An Hand der detaillierten Computerliste, die für die einzelnen Rohstoff- und Halbfabrikatarten je Materialbereich erstellt wird, läßt sich die Rohstoffmengenabweichung in ihre Komponenten zurück verfolgen.

Die Rohstoffmengenabweichung wurde unter Einsatz von Verrechnungspreisen ermittelt. Soweit die effektiven Einstandspreise von diesen Preisstandards abweichen, kommt es zur Rohstoff-Preisabweichung, die dem Einkaufsleiter signalisiert wird und mit Hilfe der verschiedenen Preisdifferenzkonten gleichfalls auf Preisverschiebungen bei den einzelnen Rohstoffarten untersucht werden kann.

Management-Erfolg und Bilanzerfolg

Der Management-Erfolg ist vor allem dadurch charakterisiert, daß

- er durch alle Bereiche des Management zustande gekommen ist – vor allem Verkauf, Produktion, Entwicklung, Einkauf;

– diese Erfolgs-Information in der Artikelgruppen-Ergebnisrechnung sowie der Abweichungs-Analyse aus lauter Komponenten besteht, die das Management unmittelbar zum Einstieg für die Planung von Verbesserungen hernehmen kann; also nicht handels-/steuerrechtlich geprägt ist.

Der Management-Erfolg kommt von der Fakturierung her, entsteht aus organisatorisch und technisch orientierten Kalkulations- und Budget-Daten und enthält technisch-statistische Soll-Ist-Vergleiche. Der Management-Erfolg ist diejenige *Ergebnis-Information, auf die das Berichtswesen des Controllers* hinarbeitet. Dieses »Ergebnis« ist zudem kein reines Resultat, sondern hat zum guten Teil den Charakter der *Zielerfüllung oder Zielverfehlung*. So wurden die kalkulatorischen Abschreibungen oder das Kapitaldienstziel auf Grund geschäftspolitischer Entscheidung festgelegt.

Im Gegensatz zum Management-Erfolg entwickelt sich der Bilanz-Erfolg aus der Buchhaltung. Außerdem ist der Bilanz-Erfolg auch eine Konsequenz handels- und steuerrechtlicher Vorschriften, die mit dem Management in Verkauf, Produktion und Einkauf gar nichts zu tun haben. Überspitzt könnte man die Gegenüberstellung der beiden Erfolgsbegriffe so vornehmen, daß man sagt:

Der *Management-Erfolg* zeigt an, durch welche Maßnahmen in welchen Managementbereichen mehr Gewinn erzielt werden kann.
Der *Bilanz-Erfolg* berichtet über denjenigen Gewinn, den man im Sinne der Rechenschaftslegung vorweisen will/soll.

Die beiden Erfolgsbegriffe besitzen also ein völlig *verschiedenes Berichtsziel*. Der Management-Erfolg ist nach innen gerichtet. Er wird vom Controller geliefert. Der Bilanz-Erfolg geht in die Öffentlichkeit. Seine Ermittlung ist Sache des Treasurers.

Die Abstimmbrücke vermittelt zwischen den beiden Erfolgsgrößen und bildet die rechentechnische Abstimmung zwischen

Controller und Treasurer. Im Beispiel der Abbildung 10 auf Seite 86 besteht die Abstimmbrücke aus Abweichungen gegenüber dem Kapitaldienstziel, die durch die Zahlung von Fremdkapitalzinsen, die Körperschaftsteuer- und Gewerbeertragsteuer-Vorauszahlungen sowie durch die Dividendenausschüttungen zustande kommen. Ferner stehen in der Abstimmbrücke die außerordentlichen Erlöse und Kosten sowie die periodischen Abgrenzungen der Finanzbuchhaltung inklusive der Bildung oder Auflösung von Rückstellungen. Bewertungsdifferenzen können auftreten, wenn die Bestände in der Bilanz mit anderen Standards bewertet werden als die verkauften Stückzahlen in der Artikelergebnisrechnung. Ferner bildet sich in diesem Praxisbeispiel eine Verrechnungsabweichung heraus, die damit zusammenhängt, daß infolge einer Standardkostenrechnung keine auftragsweise Nachrechnung der Erzeugnisse durchgeführt wird. Diese Verrechnungsabweichung hängt zum Beispiel mit Verfahrensabweichungen zusammen; d. h. die Standard-Grenzkosten enthalten andere Leistungsdaten, als sie zur Ermittlung der Sollkosten der Kostenstellen eingesetzt sind. Eine solche Verrechnungsabweichung tritt im folgenden Beispiel eines Management-Erfolgsberichts wegen der dort durchgeführten Nachkalkulation nicht auf.

Management-Erfolgsbericht: Praxisbeispiel

Die folgende Abbildung 11 besteht aus 5 einzelnen Darstellungen. Dieses Konzept wurde 1967 zusammen mit H. Hauser und seinen Mitarbeitern in Schlieren (ZH) entwickelt. Auch dieses System folgt dem im I. Band in Abb. 31 angegebenen Leitschema der Management-Erfolgsrechnung.

Blatt 1 stellt die Management-Erfolgsrechnung dar – und zwar sowohl für den Berichtsmonat als auch kumuliert seit Jahresbeginn als auch in Form des noch nicht erfüllten Jahresplans. In der letzten Spalte der Seite I bedeutet beim Erlös die Zahl 16,2 Millionen, daß soviel zur Erfüllung des Planumsatzes noch fehlt. Im Falle der fixen Kosten bedeutet die Angabe 7,68 Mil-

Blatt 1: MANAGEMENT-ERFOLGSRECHNUNG
(Beträge in 1000 Franken)

	Berichtsmonat		Kumuliert		Jahresplan		Abweichungen v. Jahresplan	
	Fr.	%	Fr.	%	Fr.	%	Fr.	%
Verkaufserlös netto	3 000	100	18 800	100	35 000	100	– 16 200	100
Grenzherstellkosten	– 1 700		– 10 450		– 19 240		+ 8 790	
Deckungsbeitrag (vgl. Blatt 2)	1 300	43	8 350	44	15 760	45	7 410	46
Fixkosten lt. Planung	– 1 280		– 7 680		– 15 360		+ 7 680	
Angefallene Kosten auf Entwicklungsnummern	– 30		– 200		– 400		+ 200	
Günstige Abweichung aus dem Soll-Ist-Vergleich der Kostenstellen (Blatt 3 und 4)	+ 200		+ 500		–		+ 500	
Verrechnungspreisdifferenzen beim Fertigungsmaterial	+ 10		– 20		–		– 20	
Management-Erfolg	200	7	950	5	–		+ 950	6

	Berichtsmonat		Kumuliert	
Finanztechnische Abstimmung				
Sonstige Erlöse	+ 10		+ 320	
Günstige Differenz Ist-Zinsen/kalk. Zinsen	+ 40		+ 440	
Abweichung Ist-Sozialkosten/kalk. Sozialkosten	+ 3		+ 60	
Abweichung kalk./bilanzmäßige Abschreibung	– 15		– 90	
Fixkostenanteil auf Lagerveränderung	+ 20		– 180	
Gewinn laut kurzfristiger Erfolgsrechnung Blatt 5	258	9	1 500	8

Es fehlt hier (1967) noch die Erwartungsrechnung und das Voraussichtliche Ist (V-Ist). Das ist erst als Folge eines Gesprächs einzutragen.
Durch diese Vorschau wird aus dem Rechnungswesenbericht der eigentliche Controlling-Rapport als ein »Was wir jetzt tun«-Bericht.

Abb. 11 a: Management-Erfolgsbericht; Blatt 1 = Erfolgsrechnung

Nr.	Maschinen-Gruppe	Anzahl	Grenzherstellkosten	Nettoerlös	Erzielter Deckungsbeitrag	in %	Soll-Deckungsbeitrag	Abweichung
011	Stumpfschweißmaschinen							
061	Rohrradiatoren							
071	Gehrungsabbrenn. St.							
091	Abbrennstumpf. bis 30 t							
151	Preßbuckelschweißmasch.							
161	Punktschweißmaschinen	3	36 705	74 306	37 601	51	40 868	3 267 N
181	Nahtschweißmaschinen	5	154 608	343 236	188 628	55	181 914	6 714
191	Vielpunktschweißmasch.							
201	Automat. Zusatzmaschinen							
211	Flachgittermaschinen							
221	Zusatzmaschinen zu PG							
231	Kaltstauchmaschinen							
251	Kollektorschweißmasch.							
271	Einphasensteuergeräte							
281	Dreiphasensteuergeräte							
291	Spezialsteuerung							
301	Radiatoren-Steppschweißmaschinen							
311	Zusatzmasch. zu Radiatoren							
411	Handelsübliche Maschinen							
	Total Maschinen	45	1 400 000	2 400 000	1 000 000	42	960 000	40 000
	Ersatzteile		150 000	350 000	200 000	57	158 000	42 000
	Service		150 000	250 000	100 000	40	75 000	25 000
	TOTAL	45	1 700 000	3 000 000	1 300 000	43	1 193 000	107 000

Abb. 11 b: Management-Erfolgsbericht; Blatt 2 = Produktegruppen-Erfolgsnachweis

		SOLL-IST-VERGLEICH Total Unternehmung			
Kostenarten	Nr.	Soll-Kosten	Ist-Kosten	Ab-weichung	kum. Ab-weichung
Fertig. Löhne Aufträge	4001				
F. Löhne u. Geh. fremd. KS	4002				
F. Lohnprämien	4003				
Hilfslohn in eigener KS	4011				
Hilfslohn Warten	4012				
Spez. Hilfslöhne	4013				
Lohnzuschläge	4015				
Versuchslöhne	4016				
Ausschußlöhne Gehälter	4017				
Fertigungs-Gehälter	4021				
Gehälter	4022	900 000	850 000	50 000	250 000
Verkaufsprovisionen	4025				
Mieten	4100				
Instandhaltung	4300	390 000	220 000	170 000	310 000
Instandhaltung Fuhrpark	4320				
Werkzeugkosten	4330				
Anschaff. unter Fr. 500.–	4350	100 000	150 000	–50 000	–150 000
Versicherungen	4500				
Gebühren und Steuern	4510				
Fremdbezug an Strom	4600				
Fremdbezug Gas und Wasser	4610				
Betriebsstoffe	4620				
Packmaterial	4630				
Fertigungshilfsmaterial	4640				
Versuchskosten	4641				
Ausschußkosten	4642				
Lagerdifferenzen	4649				
Bürospesen	4700	200 000	170 000	30 000	90 000
Verwaltungsspesen	4710				
Werbung Verkaufskosten	4800				
Hotel, Verpflegungskost.	4830				
Transportkosten	483k				
Sonst. Betriebsaufwand	4900				
Garantiekosten	4920				
		1 590 000	1 390 000	200 000	500 000
kalk. Gratifikationen	5403	50 000	50 000		
kalk. Sozialkosten Lohn	5407	120 000	120 000		
kalk. Sozialkosten Gehalt	5408	120 000	120 000		
kalk. Zinsen	5420	150 000	150 000		
kalk. Abschreibungen	5440	100 000	100 000		
kalk. Raumkosten	5901	130 000	130 000		
kalk. Stromkosten	5903	10 000	10 000		
Fixkostenverrechnung	5909	390 000	390 000		
Gesamtkosten		2 660 000	2 460 000	200 000	500 000

Abb. 11 c: Management-Erfolgsbericht; Blatt 3

	SOLL-IST-VERGLEICH Bereiche				
Nr.	Kostenstellen-Bereiche	Soll-Kosten	Ist-Kosten	Abweichung	kum. Abweichg.
1	Vertriebs- und Verwaltungsstellen	860 000	1 060 000	–200 000	–500 000
2	Indirekte Stellen	200 000	150 000	50 000	150 000
3	Material-Stellen	100 000	50 000	50 000	150 000
4	Betriebsleit. – Betriebsstabsstellen	300 000	500 000	–200 000	–600 000
5	Fertigungsstellen Schlosserei	200 000	100 000	100 000	300 000
6	Fertigungsstellen Mech. Fertigung	300 000	250 000	50 000	150 000
7	Fertigungsstellen Montage	300 000	150 000	150 000	350 000
8	Entwicklungs- und Konstruktionsstellen	400 000	200 000	200 000	500 000
	Total Unternehmung	2 660 000	2 460 000	200 000	500 000

Abb. 11 d: Management-Erfolgsbericht; Blatt 4

lionen, daß dieser Betrag im Budget noch gutgeschrieben ist und bis Jahresende verbraucht werden kann.

Die Grenzherstellkosten der Verkaufserfolgsrechnung sind in diesem Beispiel – es handelt sich um eine Maschinenfabrik mit Einzelfertigung – nachkalkulierte Grenzkosten der verkauften Aufträge. Es handelt sich also um die effektiv benötigten Entnahmen an Fertigungsmaterial und Bauteilen (soweit seriell selbst hergestellt, mit Standardsätzen bewertet; soweit speziell fremd bezogen, mit Einstandspreisen) sowie um die effektiv eingesetzten Stunden in Konstruktion, Teilebearbeitung, Montage und Prüfung, bewertet mit den Plangrenzkostensätzen (ebenso ermittelt wie im Beispiel der Abb. 5 der Kostensatz von 12,80). Aus welchen Fabrikate-Gruppen die Deckungsbeiträge von 1,3 Millionen stammen, zeigt das Blatt 2.

Die Fixkosten in Höhe von 1 280 000 je Monat entsprechen als Budget-Block der Planung. Dieser Betrag setzt sich aus den fixen Budgetsätzen auf den einzelnen Kostenstellen zusammen. Im Gegensatz zum Beispiel auf Abb. 10 wurden die fixen Kosten also hier nicht »ratierlich« verrechnet. Daher gibt es auch keine Beschäftigungsabweichungen.

Die Fixkosten werden ergänzt um die auf den Entwicklungs-Auftragsnummern angefallenen Kosten. Der Unterschied liegt nur darin, daß diese Kosten nicht über Kostenstellen (Abteilun-

Text	Berichtsmonat		seit Jahres-beginn	
ERTRAG	Fr.	%	Fr.	%
Verkaufserlös	3 000 000	98,7	18 800 000	101,9
Bestandsänderungen HF u. FF	+ 40 000	+1,3	−350 000	−1,9
Produktionsleistung	3 040 000	100,0	18 450 000	100,0
Nebenerlöse	10 000	0,3	320 000	1,7
Total ERTRAG	3 050 000	100,3	18 770 000	101,7
AUFWAND				
Materialverbrauch	1 000 000	32,9	6 000 000	32,5
Materialkosten	1 000 000	32,9	6 000 000	32,5
Löhne				
Gehälter				
Sozialkosten und Gratifikationen	210 000	6,9	1 720 000	9,3
Personalkosten	1 200 000	39,5	8 800 000	47,7
Mietzinsen	10 000	0,3	400 000	2,2
Kapitalzinsen				
Reparaturen und Unterhalt				
Kleine Anschaffungen				
Versicherungen u. Patente				
Steuern				
Lizenzen				
Energie, Gemeinkostenm.				
Verwaltungskosten				
Werbekosten				
Reise- und Kundenspesen				
Reisespesen Betrieb				
Frachten, Spedition				
Diverser Betriebsaufwand				
Abschreibungen	115 000	3,8	800 000	4,3
Betriebskosten	592 000	19,5	2 470 000	13,4
Total AUFWAND	2 792 000	91,8	17 270 000	93,6
Gewinn	258 000	8,5	1 500 000	8,1

Abb. 11 e: Management-Erfolgsbericht; Blatt 5

gen), sondern über Projektnummern laufen. Es handelt sich um reine Istkosten, die durch Budgetwerte noch zu steuern wären.

Die Summe der Abweichungen aus den Soll-Ist-Vergleichen beläuft sich auf 200 000,–. Blatt 3 der Abbildung 11 informiert darüber, in welchen Kostenarten der Unternehmung diese Abweichungen entstanden sind. Blatt 4 sagt aus, welche Kostenstellenbereiche und damit welche Manager ihre Budgets über- oder unterschritten haben.

Auf Blatt 1 der Abbildung 11 ist nach den Abweichungen der Kosten auf den Kostenstellen noch eine Verrechnungspreisabweichung beim Fertigungsmaterial angegeben. Materialmengenabweichungen entstehen hier nicht, weil die effektiv erforderlich gewesenen Materialentnahmen den Aufträgen belastet worden sind.

Die »finanztechnische« Abstimmung bringt den Management-Erfolg mit dem Gewinn laut Finanzbuchhaltung in Verbindung. Der Bilanzgewinn ergibt sich aus dem Blatt 5 der Abbildung 11. Hier wird nicht mit Erlösen und Kosten, sondern mit Ertrag und Aufwand gearbeitet. Da in der Buchhaltung der Aufwand der Periode erscheint und nicht – wie in der Verkaufserfolgsrechnung – die Kosten des Umsatzes, müssen zur Gewinnermittlung nicht allein die Erlöse des Monats, sondern auch die Bestandsveränderungen berücksichtigt werden. Im Beispiel haben die Läger an Halb- und Fertigfabrikaten um 40 000 zugenommen. Darin stecken auch anteilige Fixkosten in Höhe von 20 000,–. Daher die entsprechende Abstimmposition auf Blatt 1 in der Abstimmbrücke, die im Beispiel der Abb. 10 wegen der ratierlichen Fixkostenverrechnung gefehlt hat.

Die Abstimmbrücke weist ferner den Unterschied zwischen Ist- und kalkulatorischen Zinsen, Ist- und kalkulatorischen Sozialkosten sowie kalkulatorischen zu bilanzmäßigen Abschreibungen aus. Dadurch sind Management-Erfolg und Bilanzerfolg miteinander abgestimmt. Eine Verrechnungsabweichung entsteht hier, da eine mitlaufende, auftragsweise Nachkalkulation durchgeführt wird, nicht.

Umsatzkostenverfahren

Die Gewinn- und Verlustrechnung in Abbildung 11e ist aufgestellt nach dem Gesamtkostenverfahren. Den Verkaufserlösen von 3 Mio. sind gegenübergestellt die gesamten Aufwendungen – der gebuchte Materialverbrauch, der Personalaufwand, der Abschreibungsaufwand ...

Nach dem Umsatzkostenverfahren sähe diese Gewinn- und Verlustrechnung etwa folgendermaßen aus:

§ 275 (3) HGB	TGE (Tausend Geldeinheiten)
1. Umsatzerlöse	3000
2. Herstellungskosten der zur Erzielung der Umsatzerlöse erbrachten Leistungen	1840
3. Bruttoergebnis vor Umsatz	1160
4. Vertriebskosten	700
5. Allgemeine Verwaltungskosten	300
Zwischensumme	**160**
6. Sonstige betriebliche Erträge	210
7. Sonstige betriebliche Aufwendungen	0
Ergebnis vor Zinsen und vor Abstimmbrücke	**370**

Abb. 12: Gewinn- und Verlustrechnung nach dem Umsatzkostenverfahren

Die Herstellungskosten in Ziffer 2 sind Vollkostensätze. Strukturkosten des Herstellbereichs sind über die Kalkulation auf die Verkäufe verrechnet. Das Bruttoergebnis vom Umsatz ist kleiner als die Deckungsbeiträge – 200 TGE Strukturkosten sind mit verrechnet.

Es folgen an Strukturkosten in Vertrieb und Verwaltung TGE 1000. Diese Informationen müßten aus der Kostenstellenrechnung analog zur Abbildung 11d kommen. Dabei ist zu bringen der gebuchte Aufwand in den Kostenstellen von Vertrieb und Verwaltung.

Die Herstellungskosten kommen aus der Kalkulation als Standards. Das Beispiel unterstellt auftragsweise mitlaufende Nachkalkulation. Die Stundenverbräuche in die Aufträge sind zwar im Ist erfaßt, aber bewertet mit den Plankostensätzen der Kostenstellen. Auch lagerbewirtschaftetes Material ist zu Planeinkaufspreisen bewertet. Die Kostenstellenabweichung in den Fertigungsstellen sowie die Einkaufspreisdifferenzen erscheinen als sonstige betriebliche Erträge.

Kalkulatorische Zinsen sind in den Herstellungskosten und auch in den Vertriebs- und Verwaltungskosten nicht enthalten. Im Beispiel sind TGE 150 als kalkulatorische Zinsen angesetzt (Abbildung 11c). In Abbildung 11a ist erwähnt eine günstige Differenz der Istzinsen zu den kalkulatorischen Zinsen. Daraus folgt, auch wenn diese Zahl in Abbildung 11e nicht angegeben ist, daß sich der Zinsaufwand auf 110 TGE belaufen muß.

Deshalb kommt in Abbildung 12 heraus als Ergebnis vor Zinsen und vor Abstimmbrücke TGE 370. In der Abstimmbrücke selber müssen dann die Zinsaufwendungen in Höhe von TGE 110 erscheinen (anstelle der Differenz) + 40. Die Sturkturkostenrate in der Bestandsveränderung der Fertigerzeugnisse kommt beim Umsatzkostenverfahren nicht vor.

Dafür könnten, was jetzt nicht nachgewiesen ist, Beschäftigungsabweichungen auftreten innerhalb der Abweichungsdarstellung unter Ziffer 6. Der Saldo der Abstimmbrücke beläuft sich dann auf TGE –112, so dass wieder das Ergebnis der Buchhaltung herauskommt in Höhe von TGE 258.

Die Umformung in das Umsatzkostenverfahren soll zeigen, dass der Verbund zwischen internem und externem Rechnungswesen erheblich größer wird. Während das Gesamtkostenverfahren die gebuchten Belege der Buchhaltung bringt und nur in der Periode die Bestandsveränderungen zu erarbeiten sind, müssen die Herstellungskosten der fakturierten Verkäufe aus der Kalkulation – aus dem Artikelstamm – folgen. Und um die Kosten nach Funktionsbereichen Vertrieb und Verwaltung zu bringen, bedarf es der Angaben aus der Kostenstellenrechnung. Das hat eventuell Konsequenzen zur Organisationsentwicklung des Controllerbereichs, wonach der Zentralbereich Controller dann deutlicher zuständig ist auch für das externe Rechnungswesen.

11. Kapitel

Controller-Organisation

Die bisherigen Kapitel beschreiben, was der Controller *macht*. Da er nicht hinterdrein die Vergangenheit kontrolliert, sondern einen Steuerungsapparat im Sinne des Soll-Ist-Vergleichs bietet, konzentriert sich seine Funktion auf Zielsetzung und Planung. Das Schwergewicht der Controller-Arbeit liegt auf der *Zukunftsgestaltung*. In der Vergangenheit kann man kein Geld mehr verdienen.

Wer ist aber nun der Controller? Wie ordnet sich die Aufgabe des Controllers in die Strukturorganisation der Unternehmung ein?

»Ich bin der Controller, aber das weiß bei uns niemand«

Dieses Zitat stammt von einem Mann, der in seinem Haus die Controller-Funktion ausübt, es aber vermeidet, seinen Bereich auch so zu nennen. Weil es beim Begriff des Controllers heute eben noch zu viele Mißverständnisse gibt! Einerseits wird der Schwerpunkt auf das unlustbetonte Kontrollieren verlagert, das niemand gerne haben will. Erst recht möchte man nicht einem Bereich das Recht zugestehen, die anderen zu kontrollieren oder hinter ihnen herzuspionieren. Andererseits besteht manchmal die Vorstellung, der Controller sei der »starke Mann«, ohne dessen O. K. ein Projekt nicht über die Bühne geht. Hier fühlt die oberste Geschäftsleitung Konkurrenz durch den Controller. Doch ist es heute oft so, daß die Unternehmenshaussprachen das Wort »Controller« angenommen haben.

Die Funktion ist jedenfalls wichtiger als die Bezeichnung. Leider gibt es keinen deutsch-sprachigen Ausdruck, der die Controller-Funktion genausogut wiedergibt wie der ursprünglich amerikanische Begriff Controller. Auch als Titel dieses Buches wurde 1971 »CONTROLLER-PRAXIS« gewählt, weil es darauf ankommt, daß man im Sinne der Controller-Funktion arbeitet und das Management verbessert. Doch besteht heute die Tendenz, mit »Controller« ein neues Berufsbild zu schaffen. Vgl. Bd. I, S. 194.

Der Leiter des Finanz- und Rechnungswesens als Controller

Der Controller ist als Position in jeder Unternehmung bereits zu finden. Überall gibt es ein Finanz- und Rechnungswesen – zumindest aber gibt es die Buchhaltung.

Die »Home base« des Controllers ist das *interne* Rechnungswesen. Die Amerikaner sprechen vom *»Management Accounting«*. Bei uns wird noch immer der Begriff »Betriebsabrechnung« für die Stelle verwendet, in der die Controller-Funktion an sich zu Hause sein müßte.

Ein »Leiter des Finanz- und Rechnungswesens«, dem die Finanzbuchhaltung, die Betriebsabrechnung und die Kalkulation unterstellt sind, übt *in seiner Person sowohl die Controller- als auch Treasurer-Funktion aus.*

Der *Controller* ist – wie beschrieben – ein Lotse in Richtung Gewinn. Er soll mit seinem Informations- und Zahlenapparat dafür sorgen, daß bei Zielsetzungen, Planungen und Entscheidungen des Management der Gewinn nicht zu kurz kommt bzw. verhindern, daß man sich unbemerkt nach Prinzipien des »management by surprise« in der Verlustzone wiederfindet.

Der *Treasurer* hat die Funktion des »Schatzmeisters«. Er ist der Mann, der die Finanzen in Ordnung zu halten hat, der die Kasse verwaltet, mit den Kreditinstituten verhandelt – dem die Gestaltung der Passivseite der Bilanz obliegt.

Diese beiden Funktionen, die bei uns in Europa meist in der Position eines Chefs des Finanz- und Rechnungswesens zusammenfließen, findet man in amerikanischen Organisationsplänen häufig auch der Stelle nach getrennt. So gibt es dort neben einem »Vice-President and Treasurer« einen »Vice-President and Controller«; sogar »Executive VP & Controller« kommt vor.

Jedenfalls sind die *Funktionen* des Controllers und des Treasurers parallel zu sehen. Man muß sich beim Durchdenken organisatorischer Zusammenhänge nicht immer gleich die Kästchen vorstellen. Erst geht es einmal darum, die Prozesse zu definieren. Die Frage der Positionen und Kästchen stellt sich erst als Folge davon ein und ist eine Frage auch der Größe.

Außerdem kann man in den Positionsbezeichnungen immer Kompromisse schließen. So kenne ich in den USA ein Beispiel, in dem der Controller zwar Vice-President, aber protokollarisch dem Treasurer nachgeordnet ist. Deshalb hat der Treasurer die Bezeichnung »*Senior* Vice-President«.

Die Einordnung von Controller und Treasurer in das Funktionsgefüge der Unternehmung

Wenn es darum geht, die Organisation einer Unternehmung funktional zu durchdenken, so eignet sich dazu auch ganz gut

Mittelfunktion — »Logistik« —	Prozeß-Funktion	Unternehmenspolitik-Funktion — »Beziehungsfunktion« —
Beschaffung von	entweder funktional:	Beziehungen zu
— Material	— Forschung und Entwicklung	— Kunden
— Anlagen	— Vertrieb	— Mitarbeitern
— Patenten, Lizenzen, Know how	— Produktion	— Kreditinstituten
— Mitarbeitern	oder spartenweise:	— Lieferanten
— Finanzen (Treasurer)	— Geschäftsbereich I	— Konzernfirmen
— Informationen (Controller)	— Geschäftsbereich II	— Öffentlichkeit
	oder Mischformen	

Abb. 13: Einordnung von Controller und Treasurer in das Funktionsgefüge der Unternehmung nach dem Funktional-Team-Prinzip

das sogenannte *»Funktional-Team-Prinzip«*. Dieses Organisationsmodell ist als Abbildung 13 dargestellt.

Man darf sich aber jetzt nicht vorstellen, daß die einzelnen Positionen in diesem Schema so zu interpretieren sind, wie man es von normalen Organisationsplänen und deren Kästchenmuster gewohnt ist. Dieses Modell ist *prozess-mäßig* zu verstehen.
Es gibt an, welche *Aufgaben* in einer Unternehmung erfüllt werden müssen – egal wer es tut und wer wem unterstellt ist. Natürlich kann man dann den realen Organisationsplan mit Kästchen und Personen über den funktionalen Organisationsplan legen und prüfen, inwieweit die beiden deckungsgleich sind. Dabei hat der funktionale Plan den Charakter des *Organisations-Leitmodell* oder des »Funkleitstrahls« bei der langfristigen Organisationsplanung.

Das Modell des Funktional-Team-Prinzips zeichnet sich durch *zwei Merkmale* aus:

1. Nach diesem Prinzip wird – wie schon erläutert – nicht in den Kategorien von Personen und Positionen, sondern ausschließlich in der *Dimension der Unternehmensfunktionen* gedacht; heute in Wertschöpfungsketten/Prozessen.

2. Es gibt *keine Stäbe mehr*. Häufig findet man in den Organisationsplänen, daß sich eine Geschäftsleitung mit einem Kranz von Stabsabteilungen umgibt (oder abschirmt); jede Aufgabe, die gerade besonders wichtig und aktuell ist, führt zur Gründung einer Stabsstelle beim Geschäftsleitungsvorsitzenden. Nach dem Funktional-Team-Prinzip sind die Tätigkeiten der *Stabsstellen in Beschaffungsfunktionen* und damit zur Linie umfunktioniert.

Infolgedessen muß man sich zwischen den Funktionen *Projekt-Teams und Arbeitsgruppen* vorstellen; etwa die Arbeitsgruppe Unternehmensplanung, das Verkaufspreiskomitee, ein Projekt-Team zur Einführung eines neuen Produkts, ein Projekt-Team zum Bau eines neuen Verwaltungsgebäudes, ein Projektteam zur Umstellung der Fertigungsplanung und -steuerung auf die elektronische Datenverarbeitung. In jedem dieser Teams arbeiten Fachleute aus den verschiedenen, am Projekt beteiligten Funktionen zusammen. So gehören in ein EDV-Team außer Systemanalytikern, Programmierern, Organisatoren und Rechnungsleuten auch Menschen in Funktionen, denen die Umstellung gilt. Einmal wissen diese »Konfliktlöser« darüber Bescheid, was nachher Probleme auslöst, Schwierigkeiten und Ärger macht. Außerdem sind sie nach Auflösung des Teams wegen Beendigung des Projekts diejenigen, von denen die neuen Lösungen in den Funktionen »nach-verkauft« und interpretiert werden (sogenannte »change agents«).

Nach dem Funktional-Team-Prinzip werden drei Hauptfunktionen unterschieden. Im Mittelpunkt steht die *Prozeßfunktion.* Hier »dreht« sich das eigentliche Geschäft. Zur Prozeßfunktion gehören Forschung und Entwicklung, Vertrieb und Produktion. Würde es um ein Handelsunternehmen gehen, so müßte man wahrscheinlich allerdings auch den Einkauf dazu rechnen, der beim Industriebetrieb in die Beschaffungsfunktion eingereiht ist. Die Prozeßfunktion kann in sich wieder »funktional« gegliedert sein – d. h. Verkaufsleitung, Forschungsleitung und Produktionsleitung. Oder die Prozeßfunktion ist spartenweise angeordnet nach Geschäftsbereichen. Jeder Geschäftsbereich kümmert sich dann um Forschung und Entwicklung, Vertrieb und Produktion innerhalb seines Bereiches (vgl. auch Band I, Abb. 14). Außerdem gibt es Mischformen; z. B. wenn Engineering und Vertrieb spartenweise organisiert sind, das Werk aber zentral geführt wird.

Diese Prozeßfunktionen brauchen einen doppelten Rahmen: einmal müssen die Materialien und Dienste beschafft werden, die von den Prozessen aufgesaugt werden; also die *Beschaffungs- oder Logistikfunktion.* Andererseits brauchen Prozeß- und Beschaffungsfunktion einen *Rahmen, den die Beziehungsfunktion sicherzustellen* hat, damit eine eindeutige Erwartungshaltung gegenüber der Firma besteht, nach der sie »adressiert« werden kann.

Besonders schwierig ist es, die Beziehungsfunktion oder Unternehmenspolitikfunktion zu erläutern. Nochmals ist zu betonen, daß man sich in Abbildung 13 *nicht gleich Personen* vorstellen darf, wenn man die einzelnen Funktionen studiert. Aber rein funktional kann es doch gar keinen Zweifel darüber geben, daß planmäßiges Arbeiten an Umweltbeziehungen aller Art zwingend notwendig ist, wenn eine Unternehmung gesichert geführt sein soll. Gewiß wird die Verkaufsdirektion nicht allein die Verkaufsprozesse steuern, sondern sich auch um die Beziehungen zu den Kunden kümmern. Aber oft genug kommt es vor, daß jemand aus der obersten Chefetage sich auch einmal bei den wichtigeren Kunden sehen lassen muß; damit »die Atmosphäre stimmt«. Oder zur Beziehungsfunktion würde es gehören, daß man langfristig im voraus sein Kreditinstitut von neuen Expansions- und Entwicklungsplänen verständigt und Goodwill dafür aufbaut, anstatt einfach mit der Türe ins Haus zu fallen. Natürlich kann auch das der Treasurer machen. In der Regel wird es aber so sein, daß jemand aus der obersten Repräsentanz einer Unternehmung vielleicht im Beirat oder Aufsichtsrat der Bank sitzt, während nachher der Treasurer als der »Geldeinkäufer« die konkreten Verhandlungen über Volumen, Konditionen und Termine führt.

Die Beziehungsfunktion oder Unternehmenspolitik-Funktion hat also nicht den Charakter der »Frühstücksdirektion«. Im Gegenteil! Wenn es darum geht, diese Funktion mit Kästchen und Positionen sowie Namen abzudecken, wird es meist die oberste Leitung – der Vorstandsvorsitzende oder der Inhaber-Unternehmer – sein, die sich darum annimmt; vielleicht unterstützt durch ein Projekt-Gremium, einen »Umweltausschuß« oder den Arbeitskreis zur Gestaltung eines neuen Führungssystems. Andererseits gibt es in diesem Zusammenhang auch ganz eindeutige Positionen; etwa den Lobbyisten am Sitz der Regierung.

Für die *Einordnung der Funktion des Controllers* hat die Beschaffungsfunktion zentrale Bedeutung. Zur »Logistik« gehören nämlich neben dem Einkaufsleiter, dem Personalleiter und dem Finanzleiter (Treasurer) auch *der Controller als der Informationsbeschaffer.* Während der *Treasurer Geld beschafft,* »liefert« der Controller Informations- und Steuerungsdaten. Da diese Informationen *überwiegend Zahleninformationen sein müssen* – schließlich entscheiden am Ende über Erfolg oder Mißerfolg einer Unternehmung eben die Zahlen – braucht der Controller das interne Rechnungswesen, das aus diesem Grunde besser *»Informations- und Rechnungswesen«* heißen sollte. Vielleicht kann man mit diesem deutschsprachigen Ausdruck am ehesten die Funktion des Controllers abdecken.

Wenn der Controller der Mann ist, der die Informationen zu beschaffen hat, damit die Unternehmung ziel- und planbewußt operieren kann, *so ergibt sich zwangsläufig auch, daß dem Controller die elektronische Datenverarbeitung zu unterstellen ist.* Die EDV ist nichts anderes als eine Informationsbeschaffungs- und -verarbeitungsmaschine, deren Auswertungen zudem nicht einfach bloß zu liefern, sondern aktiv zu interpretieren sind.

Ferner gehört zur Controller-Funktion *auch die Organisation.* Organisationsarbeit ist hauptsächlich eine Aufgabe der *Informationsweg-Organisation.* Außerdem hängt sie in der Ablauforganisation eng mit der Datenverarbeitung zusammen. Auch in den USA, wo man eine »Organisationsabteilung« meist gar nicht kennt, gehört die Gruppe »Systems and Procedures« überwiegend zum Controller-Bereich. Fragen der Strukturorganisation bilden meines Erachtens überhaupt nicht Aufgabe einer bestimmten Abteilung, sondern die Angelegenheit eines Projektteams bzw. Vorstands-Ausschusses.

Ferner ergibt sich aus dem bisher Gesagten eindeutig, daß *jedes Management-Informations-System gleichzeitig auch ein Management-Planungs-System* sein muß. Nur durch zwingendes Parallel-Beschaffen von Plan- und Ist-Informationen entsteht der echte Vorgang des Controlling. Der Controller ist deshalb genauso ein Ziel- und Planverkäufer wie ein Beschaffer von Ist-Daten. Er braucht für seine Informationen Maßstäbe, damit ein Steuerungsprozeß überhaupt zustande kommt. Ein »Controller«, zu dessen Bereich nur das Rechnungswesen, nicht aber auch die Planung gehört, betreut nur eine Seite der Controller-Funktion.

Organisation im Rechnungswesen: Was davon gehört zum Controller?

In aller Regel unterstehen einem Finanz- und Rechnungswesenleiter die Abteilungen Finanzbuchhaltung, Betriebsabrechnung und Kalkulation. Diese drei Aufgaben bilden sozusagen seine Bodenstation zum Start der Controller-Höhenflüge. Dabei geht es jetzt weniger um die Aufgaben der Finanzbuchhaltung und der daraus entwickelten Bilanz sowie Gewinn- und Verlustrechnung. Dieser Teil des Rechnungswesens ändert sich durch die neuen Führungsanforderungen wenig. Gewiß kann man auch aus der Bilanz heraus Management-Kennzahlen bilden und über die Bewegungsbilanz verfolgen. Dies ist die Methodik des Finanz-Controlling. Der Controller-Dienst als Lotse zum »Gewinn-Ziel-Hafen« braucht das betreibswirtschaftliche Rechnungswesen.

Vor allem sind die innerhalb von Bilanz und Finanzbuchhaltung entwickelten Unterlagen dem buchhaltungsfachlichen Aspekt verhaftet und daher Nichtfachleuten des Rechnungswesens in Verkauf und Technik, denen die Controller-Funktion aber zugute kommen soll, meist wenig zugänglich – keine *»do-it-yourself«-Zahlen*, die zur Selbstkontrolle gebraucht werden. Auch müssen sich die Berichtsverpflichtungen der Finanzbuchhaltung nach gesetzlichen, vor allem steuerrechtlichen, Vorschriften richten und können sich infolgedessen nicht ausschließlich dem vom Management vorgegebenen, internen Berichts-Ziel unterordnen. Aber die Doppik bildet den *Finanz-Controlling-Rahmen* als Mittelverwendung und Mittelherkunft.

Grundlage der Controller-Funktion für Gewinn ist das *interne* Rechnungswesen; zum Beispiel zu finden hinter Türen, die überwiegend mit »Betriebsabrechnung« überschrieben sind.

Zur praktischen Verwirklichung eines Controller-Führungsmodells empfiehlt sich als erstes, die Betriebsabrechnung umzubenennen. Eine so benannte Stelle kann sich kaum dem Verkauf als Gesprächspartner empfehlen; einmal weil sie sich nur mit dem Betrieb zu beschäftigen scheint und zum zweiten, weil dort sicherlich langweilige, in Routine erstarrte Abrechner zu finden sind. Ferner suggeriert der Begriff »Abrechnung«, als würde mit dem Management von hier aus »abgerechnet« im Sinne persönlicher Vergeltung. »Denen wollen wir mal Kosten aufs Auge drücken.« Vorschläge: Zahlenservice, Controller-Service, Erfolgsrechnungsabteilung, Informations- und Rechnungswesen, Betriebswirtschaft (BWA).

Bei den Amerikanern spricht man vom »management accounting« als dem internen Rechnungswesen im Gegensatz zum »financial accounting« analog zu unserer Finanzbuchhaltung. Zum »management accounting« gehören »decision accounting« (»Entscheidungsrechnung«) und »responsibility accounting« (»Verantwortungsrechnung«) – jeweils mit dem Ziel vor Augen, Ansatzpunkte zur Verbesserung des Gewinns zu liefern.

Das dafür maßgebliche Werkzeug ist – wie in Band I beschrieben – die *Deckungsbeitragsrechnung, die im Sinne der Controller-Funktion oder im Sinne eines Informations- und Rechnungswesens wie folgt zu definieren ist:*

Die Deckungsbeitragsrechnung ist *ein Management-Informations-System,* das innerhalb der Einflußsphäre der Unternehmung planmäßig dafür sorgt, daß die *vollen Kosten gedeckt* sind und nach den Möglichkeiten des Marktes ein angemessener Gewinn erzielt wird, der die Wachstums- und Entwicklungsaufgaben der Unternehmung aus eigener Kraft finanzieren hilft.
Dieses Informationssystem zur Gewinnplanung und Gewinnsteuerung hilft, Management-Entscheidungen in ihrer Auswirkung auf den Gewinn zu beurteilen – das sogenannte »decision accounting« – sowie Ziele in Zahlen zur Leistungs-

beurteilung von Führungskräften zu setzen – das »responsibility accounting« – sowie Rückmeldungen zum Soll-Ist-Vergleich zu liefern. Dieses Informations-System leistet für die Unternehmung einen wesentlichen Beitrag zur Verwirklichung eines *partizipativen Führungsstils.*

Organisatorische Aufgabe des Controllers als »Informationsbeschaffer« und Definition des Werkzeugs stimmen also überein. Keineswegs ist nämlich die Deckungsbeitragsrechnung bloß ein Verfahren der Kostenrechnung oder gar eine »Teilkostenrechnung«. Sie ist ein Management-Informations-System, eine Aussageform, um die Aussagen des Management einzufangen. Die Manager sind ergebnisverantwortlich; der Controller ist ergebnis-transparenz-verantwortlich.

Funktionsbeschreibungen für den Controller

Zur Beschreibung der Controller-Funktion dient eigentlich das ganze zweibändige Buch »Controller-Praxis«. Geht es darum, die Controller-Aufgabe in der Art einer Funktions- oder Stellenbeschreibung zu definieren, so könnten vielleicht die folgenden Texte »Munition« zur Formulierung der eigenen »job description« liefern. Bei der »Stellenbeschreibung für den Werks-Controller« haben Unterlagen von R. Bobsin, Altencelle, Pate gestanden.

Übrigens werden für die *Bezeichnung* der Stellen, in denen die Controller-Funktion ausgeübt wird, oft »unverfängliche« Ausdrücke gewählt, wie »Betriebswirt«, Abteilung »Unternehmensforschung«, »Kommerzieller Dienst«, »Zentrale Verwaltung«. In einem bekannten Unternehmen heißt die Stelle, in der große Teile der Controller-Funktion »zuhause« sind, »Management Service (MS)«.

A) Funktionsbeschreibung

für den Leiter des Rechnungswesens in seiner Eigenschaft als Controller der Unternehmung:

Der Controller ist dem (einem der) Delegierten des Verwaltungsrats unterstellt und verantwortlich für:

AUFGABE

Schaffung eines Planungs- und Kontrollapparats, der darauf hinwirkt, daß die Unternehmung Gewinn erzielt.

BESONDERE PFLICHTEN

1. Federführung bei den *Planungs- und Budgetarbeiten;* dabei Koordinierung und gegenseitige Abstimmung der einzelnen Teilziele und Teilpläne.
2. Einrichtung eines Berichts- und *Informationswesens,* das exakt und schnell funktioniert und jedem *auswahlweise* diejenigen Informationen und Unterlagen sichert, die er für seinen Entscheidungsspielraum braucht (Management-Informations-System).
3. Beratung der Linienabteilungen – insbesondere Verkauf, Produktion und Einkauf – bei deren Entscheidungen; dabei Darlegung der Konsequenzen von Entscheidungen sowie Entwicklung von *Alternativen zur Verbesserung* der Unternehmenssituation bei Umsatz, Kosten und Gewinn; dabei vor allem durch Aufstellung empfohlener Alternativen.
4. Durchführung von *Wirtschaftlichkeitsberechnungen* bei Investitionen und Vorbereitung der Möglichkeiten, moderne Management-Techniken nutzbringend für die Unternehmung einzusetzen.
5. Analyse bestehender Verhältnisse, Verfahren und Zustände und Vergleich mit den *Zielsetzungen, Richtlinien* und Leistungsmaßstäben der Geschäftsleitung.
6. Sicherung der *Vermögenswerte* der Unternehmung.
7. Laufende Handhabung der *Kostenkontrolle.*
8. Übernahme der Aufgabe des Sprechers im Komitee zur Festlegung der *Verkaufspreise* der Erzeugnisse.
9. Übernahme der Initiative dafür, daß die Mitarbeiter, besonders aber die Bereichsmanager und Verkäufer, möglichst *gewinnorientiert entlohnt* werden.
10. Sorgen dafür, daß mögliche *Verbesserungen nicht auf dem Papier stehen bleiben,* sondern im Sinne des »Completed Staff Work« in die Praxis der Linienabteilungen eingehen.

B) Stellenbeschreibung „Werks-Controller"

1. *Betrieb*

   Werk II in ...

2. *Stellenbezeichnung*

   Leiter der Stabsabteilung Werks-Controller

3. *Organisatorische Eingliederung*

   3.1. Der Werks-Controller ist der Geschäftsleitung des Betriebes disziplinarisch unterstellt.

   3.2. Ihm sind die Mitarbeiter seiner Stabsabteilung fachlich und disziplinarisch unterstellt.

   3.3. Der Stelleninhaber wird vom 1. Sachbearbeiter seiner Arbeitsgruppe oder vom Leiter des Rechnungswesens vertreten.

4. *Fachliche Bindung an die Konzernzentrale*

   Der Werks-Controller ist in allen fachlichen Fragen dem Konzern-Controller unterstellt.

5. *Aufgabenstellung*

   Die Funktion des Werks-Controllers schließt in weitestem Sinne alles ein, was zur Planung und Kontrolle des wirtschaftlichen Erfolges des Betriebes gehört. Seine Hauptaufgabe besteht darin, Unterlagen für unternehmerische Entscheidungen zu erarbeiten und der Geschäftsleitung vorzulegen. Er soll die leitenden Mitarbeiter des Betriebes in allen Fragen einer möglichst wirtschaftlichen Disposition beraten und damit Einfluß auf die Gewinnchancen des Werkes ausüben.

6. *Erforderliche Kenntnisse und Fähigkeiten*

   6.1. Sicherheit im Erkennen betriebswirtschaftlicher Zusammenhänge, insbesondere der Wechselwirkungen zwischen Umsatzerlös, proportionalen Kosten, fixen Kosten, Kapazität und Gewinn.

   6.2. Beherrschung der Deckungsbeitragsrechnung.

   6.3. Erfahrung in der Anwendung neuzeitlicher Kalkulationsmethoden mit Deckungsbeiträgen, bezogen auf die Mengeneinheit und den Engpaß im Fabrikationsablauf.

   6.4. Technisches Verständnis für Produktionsabläufe.

   6.5. Fähigkeit zu analytischem Denken.

   6.6. Sicherheit in Wort und Schrift bei Verhandlungen mit den leitenden Mitarbeitern der Unternehmung bzw. bei der Abfassung von Berichten.

   6.7. Erfahrung in der Menschenführung.

7. *Aufgaben im einzelnen*

Der Stelleninhaber hat folgende Aufgaben wahrzunehmen:

7.1. Kostenanalyse / Kostenplanung

a) Aufstellung des Kostenbudgets nach Kostenarten und Kostenstellen; dabei Trennung der Kosten in fixe und proportionale Bestandteile.

b) Ermittlung der Kostensätze für die Kalkulationen, unterteilt nach Grenzkosten und fixen Bestandteilen unter Berücksichtigung der zur Verfügung stehenden Kapazitäten.

7.2. Planungskoordination

a) Hilfe bei der Aufstellung aller Teilpläne (z. B. Produktionsplan, Lagerplan, Einkaufsplan).

b) Abstimmung dieser Teilpläne mit dem Absatzplan.

c) Koordination der Teilpläne zum Gesamtplan.

7.3. Erfolgsvorschau

a) Ermittlung der proportionalen Kosten für den geplanten Umsatz auf Grund von Kostenstandards incl. Materialverbrauch. Der Verkaufsplan wird vom Vertriebsbereich nach Menge und Erlös pro Artikel erstellt.

b) Ermittlung des Deckungsbeitragsvolumens für den geplanten Umsatz.

c) Vorschau des Management-Erfolgs unter Berücksichtigung des abzudeckenden Fixkostenblocks einschließlich des Kapitaldienstziels.

7.4. Controlling

a) Laufender Soll/Ist-Vergleich, d. h. Kontrolle der Plandaten durch Gegenüberstellung mit den effektiv angefallenen Ist-Zahlen.

b) Aufgliederung der festgestellten Abweichungen vom Plan nach

Abweichung aus dem Umsatz (Mengenänderung, Preisänderung, Sortimentsänderung),

Abweichung aus der Fabrikation (Änderung des Fertigungsmaterialeinsatzes und des Fertigungslohnes),

Abweichung der Fixkosten (Änderung von Kostenarten gegenüber der Vorgabe).

c) Analyse dieser Abweichungen und Diskussion mit den verantwortlichen Stellen (Werksleitung, Einkauf, Vertrieb) über die Abweichungsursachen, über Möglichkeiten zu ihrer Vermeidung und über Alternativmaßnahmen zur Einhaltung des Planes.

d) Konzentrierte Berichterstattung an die Geschäftsleitung über die Auswertung des Zahlenmaterials zur weiteren Steuerung des Betriebsgeschehens nach der Abweichung.

7.5. Engpaßsortiment / Marktsortiment

a) In Zusammenarbeit mit der Werks- und Produktionsleitung Feststellung der Engpässe.

b) Aufstellung des Engpaßsortiments in der Reihenfolge der Gewinnpriorität je Artikel, bezogen auf den Engpaß (Strategieliste).

c) Vergleich dieses Sortiments mit den Marktchancen.

7.6. Wirtschaftlichkeitsberechnungen

a) Untersuchungen über die Wirtschaftlichkeit von geplanten bzw. zur Diskussion gestellten Maßnahmen sowie Vorausberechnung der sich daraus ergebenden Veränderungen.

b) Untersuchungen über die Rentabilität von Investitionsvorhaben.

Aus beiden Funktionsbeschreibungen (A u. B) ergibt sich u. a. *die federführende Rolle des Controllers* in zwei außerordentlich bedeutsamen ständigen Arbeitsgruppen oder Komitees:

– *dem PLANUNGSAUSSCHUSS*

– *dem VERKAUFSPREISKOMITEE.*

Organisations-Modell für das Informations- und Rechnungswesen in Ausübung der Controller-Funktion

Aus den Funktionsbeschreibungen ergibt sich das folgende Organisations-Schema für den Bereich des Controllers:

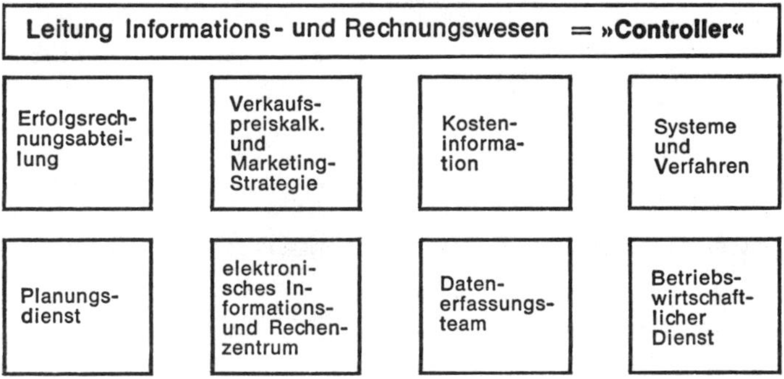

Abb. 14: Organisations-Modell für den Controller-Bereich

Diese Gliederung ist zielorientiert. Sie richtet sich nach dem Zweck, den das Informations- und Rechnungswesen zu erreichen hat. Zur besseren Erläuterung dient noch die folgende Gegenüberstellung:

Neue Abteilungsbezeichnung	*Bisherige Abteilungsbezeichnungen*
Erfolgsrechnungsabteilung	Betriebsabrechnung oder Betriebsbuchhaltung, Fakturierung
Verkaufspreiskalkulation und Marketingstrategie	Kalkulation, Vorkalkulation
Kosteninformation	Kosteningenieur, Kostenkontrolle
Betriebswirtschaftlicher Dienst	Betriebswirtschaftsstelle, Investitionskontrolle
Systeme und Verfahren	Organisation, teilweise die Interne Revision, System-Analytiker

Planungsdienst	Planungsdirektion, Budgetabteilung, zentrale Unternehmensplanung
Elektronisches Informations- und Rechenzentrum/IT	Rechenzentrum, Datenbank, Management-Information
Datenerfassungsteam	Werkstattschreiber, Lohnbüro, Dezentrale PC's

Controller und Marketing-Strategie

Besonders herausfordernd wirkt in diesem Schema die Bezeichnung »Kalkulation und Marketing-Strategie«. Hier hagelt es häufig Proteste: »Wie kommen die Zahlenfuchser dazu, sich in Sachen Marketingstrategie zu äußern; davon verstehen die doch nichts; die wollen nur über die Kosten den Preis errechnen!«

Die Kalkulation soll Preisziele setzen und bei Verkaufspreisentscheidungen für ein *Spannungsverhältnis* sorgen zwischen dem, was der Markt als Preis in Verbindung mit einer bestimmten Stückzahl zuläßt, und dem was als Verkaufspreis im Interesse der Kostendeckung zu fordern ist. Daß diese Aufgabe sehr dynamisch gelöst werden kann, haben im Band I schon die Iso-Deckungsbeitragskurven bewiesen (vgl. dort Abb. 11). Da der Controllerbereich mit seiner *Preisziel- und Preissicherungsrechnung* bei der Festlegung der Verkaufspreise mitwirkt und die Preise eines der wesentlichen Instrumente der Markt-Strategie darstellen, leistet auch der Controller-Bereich einen *Beitrag zum Marketing*; d. h. auch er denkt vom Markt her. Kostendeckungsziele kann man nicht aufstellen, ohne vom Markt her zu planen.

In den USA konnte ich einen sehr erfolgreichen Mann kennenlernen, dessen Position mit »Vice-President for Budgeting and Marketing« umschrieben ist. Er hat als Person die Funktion einer Schaltstelle zwischen Rechnungswesen und dem zum Vertrieb gehörenden Marketing-Stab. Er übt die Funktion eines *Marketing-Controllers* aus.

Marketing und Controlling sind keineswegs Widersprüche. Sobald es dem Vertrieb darauf ankommt, nach Ziel und Plan zu verkaufen sowie einen kostendeckenden Umsatz zu erreichen, anstatt auf das zu warten, was täglich an Bestellungen auf den Tisch kommt, setzt die Controlling-Funktion ein. *Beim Controller ist nicht das Rechnungswesen das Dominierende, sondern die Aufgabe der Zielsetzung, Planung und Steuerung.* Damit hat er seinerseits eine Verkaufsfunktion, weil er andere für Ziele und Pläne sowie für deren Einhaltung motivieren muß.

Controller und elektronische Datenverarbeitung

Die Datenverarbeitung habe als ein allen Funktionen zugängliches Service-Instrument zu dienen. Mit dieser Begründung wird häufig dafür plädiert, daß die EDV vom Finanz- und Rechnungswesen unabhängig sein müsse; als ein – eventuell zusammen mit der Organisationsabteilung und der internen Revision – direkt der Geschäftsleitung unterstelltes Organ. Indessen sind diese Argumente nur stichhaltig, solange das Rechnungswesen gerade nicht seine Informations- und Controller-Funktion erfüllt, sondern sich im routinemäßigen Abrechnen erschöpft. Dann natürlich wird der Computer als eine überdimensionierte Zahlenschreib- und Rechenmaschine einseitig abgewertet. Wo es also neben dem Rechnungswesen noch einen Stabshauptbereich »Organisation/Revision/Datenverarbeitung« gibt, sitzt die Controller-Funktion auf zwei verschiedenen Stühlen – d. h. sie sitzt dann leicht zwischen den Stühlen und wird gar nicht voll ausgeübt.

Durch die neue Orientierung der Aufgaben des Informations- und Rechnungswesens ergibt sich logisch klar die Zuordnung der Datenverarbeitung in den Controller-Bereich. Das gilt auch für die Aufgabe der Steuerung (Regelung) der Fertigung mit Hilfe der EDV. Um dieses Problem zu lösen, ist ein Projekt-Team zu gründen, in dem Fachleute der Produktion, der Materialwirtschaft, des Einkaufs, der Konstruktion sowie Mitarbeiter aus der Abteilung »Systeme und Verfahren« zusammengefaßt sind und im Projekt-Team miteinander arbeiten, bis der Fall gelöst ist. Dann kehrt jeder in seinen Bereich zurück und wirkt dort als »Anwalt« für das neue System. Die laufende Abwicklung bleibt über das Rechenzentrum im Informations-Kundendienst des Controller-Bereichs. Für den Fall, daß der Einsatz des Computers von den technischen Fragestellungen her sehr umfangreich wird (automatisches Konstruieren, Prozeß-Steuerung, wissenschaftliche Analysen), erweist es sich wahrscheinlich als zweckmäßig und wirtschaftlich berechtigt, eine separate EDV-Anlage zu installieren, die dann nach dem Funktional-Team-Prinzip innerhalb der Prozeß-Funktion anzusiedeln wäre.

Daß die Datenverarbeitung im Controllerbereich ist, hat auch den Vorzug des Vermeidens von EDV-Verherrlichung und Perfektionismus. Es kommt nämlich nicht auf ein lückenlos integriertes System, sondern auf ein zweckmäßiges und wirtschaftliches Verfahren an.

Controller und Organisationsabteilung

Gemäß Funktional-Teamprinzip gehört die Organisation in den Bereich des »Mittel-Managers«. Sie beschafft Systeme oder Methoden. Ein großer Teil der Organisationsarbeit betrifft indessen den Sektor der Information und Kommunikation, so daß auch von einer Organisationsabteilung zum Teil Controller-Aufgaben erfüllt werden. Andererseits leistet der Controller-Bereich mit seiner Abteilung »Kostenauswertungen« praktische Organisationsarbeit. Beispiel: Im Soll-Ist-Vergleich stellt sich heraus, daß die Wartezeiten der Produktionsfacharbeiter und damit der teuren Maschinen zu groß sind. Abhilfe wird gefunden durch eine Neu-Organisation beim innerbetrieblichen Transportwesen, der Werkzeugausgabe sowie bei den Einrichtern. Diese Maßnahmen können ohne weiteres vom Controller-Bereich direkt in Angriff genommen werden, während der Umweg über eine separate Org-Abteilung als Auftragnehmer Zeit kostet. Daher wird für die Organisation des Controller-Bereichs eine Abteilung »Systeme und Verfahren« empfohlen, die zumindest alle Fragen der Ablauforganisation sowie der Datenverarbeitungsorganisation betreut.

Controller und Interne Revision

Die Interne Revision sei »das Auge und Ohr des Herrn«, lautet die volkstümliche Definition. Daraus folgt, daß die interne Revision direkt an die Geschäftsleitung zu berichten hat; also in einer Aktiengesellschaft dem oder einem der Vorstandsmitglieder bzw. dem Vorstandsvorsitzenden unterstellt sein muß. Untersteht sie dem Controller und hat er einen Sitz im Vorstand, ist die Frage auch im Sinne der Leitsätze geklärt, die das Frankfurter Institut für Interne Revision vertritt. Besitzt der Controller hingegen den Rang eines Prokuristen, so wäre eine ihm unterstellte Interne Revision nicht mehr unabhängiges Revisionsorgan der Geschäftsleitung.

Vergleicht man damit die Erfahrungen aus den USA, wo evtl. die Interne Revision zum Controller gehört, so muß man berücksichtigen, daß der Controller dort in reiner Form ein betriebswirtschaftlicher »Generalstabschef« ist, dem Kasse und Finanzwesen nicht obliegen (das macht der Treasurer), so daß also das Firmen-»Portemonnaie« nicht unrevidiert bleibt. Zur Controller-Funktion gehört jedoch gerade die Aufgabe, an der Verbesserung der »systems« zu arbeiten. Dazu muß er den jeweiligen Ist-Zustand kennen, muß wissen, wie sich die Praxis in den einzelnen Bereichen und Abteilungen von den Richtlinien wegentwickelt hat. Um darüber Bescheid zu wissen, braucht er die *Systemrevision.* Daher fügt sich die interne Revisionsabteilung ganz zwanglos in den Aufgabenbereich des Controllers ein. Sie sucht sich Schwerpunkte heran, während der Controller den ständigen betriebswirtschaftlichen Begleiter spielt.

Abgrenzung zwischen Controller und Treasurer: Wer kümmert sich um die Steuern?

In den Beispielen der Controller-Organisation aus den USA findet man häufig auch die Betreuung der Steuern im Controller's Department. Das ist auch sinnvoll, weil es auf den Gewinn nach Steuern ankommt. Nur dieser Gewinn ist verfügbar zur Finanzierung von Wachstums- und Entwicklungszielen aus eigener Kraft.

Geht man hingegen von den Organisationsbeispielen aus, die im allgemeinen in europäischen Unternehmungen zu finden sind, so verbinden sich die Controller- und die Treasurerfunktion meist in der Person eines Leiters des Finanz- und Rechnungswesens – sei es als Prokurist, Vize-Direktor, Direktor oder Mitglied des Vorstandes. Versucht man jetzt, die in der einen Persönlichkeit parallel vorhandenen Funktionen des Controlling und des Finanzwesens auch personell zu trennen, so stellt man fest, daß derjenige, der am besten die Figur des Finanz-Chefs ausfüllt, seiner Ausbildung und Erfahrung nach meist auch derjenige sein wird, der sich um die Steuern kümmert.

Gemeint ist jetzt nicht die Konstruktion von Unternehmensverfassungen und deren steuerliche Konsequenzen. Für diese Fragen gibt es in vielen Unternehmungen eine besondere Steuerabteilung oder man zieht externe Experten zu Rate. Bei dem »Kümmern um die Steuern« ist an die jährlichen Abschlüsse im Sinne der Steuerbilanz und der steuerlichen Gewinn- und Verlustrechnung gedacht; an die Fragen der Inventuren und deren Bewertung, an die Abgrenzung von Reparatur- und Instandsetzungsaufwand, an die Verbuchung von Reisekosten, die Erfassung der Umsatzsteuer – kurzum an Tatbestände, die sich an Hand der Buchhaltung ergeben.

Wenn sich allerdings der Finanz-Chef oder Treasurer um die steuerlichen Belange annimmt, so *plädiere ich dafür, daß dem Treasurer auch die Finanzbuchhaltung mit Erstellung der Handels- sowie Steuerbilanz zugeordnet ist.* Es hat nämlich keinen Sinn, wenn man steuerliche Konsequenzen erst dann überlegt, wenn die Bilanz gemacht ist. Sehr häufig kommt es schon vor der Verbuchung bei der Erstellung von Belegen darauf an, daß steuerliche Weichen in dem Sinne gestellt sind, wie man einen Tatbestand nachher auslegen will. Steuerzahlungen haben ein solches Ausmaß und sind in der Cash-flow-Planung ein so harter Brocken, daß man hier im Interesse einer »reinen« Organisation keinerlei Reinfälle provozieren darf. Die reine Controller-Organisation würde nämlich verlangen, daß das gesamte Zahlenwerk im Funktionsbereich des Controllers angesiedelt ist.

Demnach würde sich der *Controller auf das interne Rechnungswesen* konzentrieren, während der *Treasurer für das externe Zahlen-Berichtswesen* kompetent ist. Dazu würde neben der Bilanz nach Handels- und Steuerrecht auch der Bereich der Konzernkonsolidierung gehören und das internationale Recht (z. B. EG-Richtlinien).

Daraus ergibt sich folgende Abgrenzung:

Controller = betriebswirtschaftlicher Lotse; Funktion als Ziel- und Planverkäufer; zuständig für *Gewinn-Management;* ebenso wie für die Planung und Steuerung der strategischen Erfolgspositionen	*Treasurer* = Finanzleiter und externer Berichterstatter gemäß gesetzlicher Rechenschaftslegung sowie gegenüber Aufsichtsrat, Gesellschafterversammlung, Kreditinstitut, Beteiligungsgesellschaft; zuständig für *Finanz-Management* eingeschlossen die Steuern und die Konzern-Konsolidierung.
Instrumente: das interne Rechnungswesen gemäß Abbildung 14; die Unternehmensplanung	*Instrumente:* Finanzbuchhaltung, Bilanzabteilung, Steuerabteilung, Versicherungswesen, Kasse.

Abstimmung nach *Management-Erfolgsrechnung* über *Mangagement-Erfolg* und *Bilanz-Erfolg.*

Daraus folgt, daß der *Personenkreis, der für die Controller-*

Funktion in Frage kommt, keineswegs auf Fachleute der Buchhaltung oder des Rechnungswesens beschränkt sein muß. Da die Aufgaben, die buchhalterischen Sachverstand verlangen und bei denen man sich auch in Handels- und Steuerrecht auskennen muß, dem Treasurer-Bereich zugeordnet sind, *kann Controller ebensogut ein Mann werden, der aus dem Verkauf oder dem Marketing oder aus dem technischen Bereich stammt.* Wesentlich ist seine Führungsfunktion – das Überzeugen von Zielsetzungen und Planungen sowie das aktive Mithelfen bei Alternativen. *Eine Frau kann's freilich genauso sein!*

Controller und Zentrale Unternehmensplanung

Da der Controller nicht hinterdrein nachkontrolliert, sondern eine Steuerungsfunktion im Hinblick auf das Ziel insbesondere eines angemessenen Gewinns ausübt, *braucht er zu seiner Aufgabe die Planung.* Ohne Planung gibt es eine Controller-Funktion überhaupt nicht. Controlling oder Steuern und Regeln bedarf der Maßstäbe oder Sollgrößen. Einerseits bildet die Planung eine Richtgröße für die effektiven Werte; andererseits müssen die Planungen realistisch und erreichbar sein, sich also auch an den Istdaten orientieren. Die Planung als lernendes System strahlt nach zwei Richtungen: Das Ist soll am Plan »lernen«; der der Plan seinerseits am Ist.

Trennt man durch eine Stabsstelle »Zentrale Unternehmensplanung«, die dann meist beim Vorstandsvorsitzenden aufgehängt ist, die Planung – zumindest die strategische Planung – vom Controllerbereich und seinem Informations-System ab, so besteht die Gefahr, daß die Planung sich vom Lernprozeß des Ist löst und Fahrten ins Blaue unternimmt oder sich im Elfenbeinturm einigelt und dort Planung als »heiteres Spiel für Götter« betreibt.

Falls es eine zentrale Stabsstelle für Unternehmensplanung bei der obersten Geschäftsleitung gibt, gehört ihre Tätigkeit mit zur Controller-Funktion; wie man in der Praxis überhaupt des öfteren finden kann, daß sich die Funktion des Controllers auf mehrere Personen und Bereiche verteilt. Voraussetzung aktiver Controllerpraxis ist folglich eine gute Zusammenarbeit zwischen den Köpfen, die sich in die Controlleraufgaben teilen – zum Beispiel zwischen Unternehmungsplanung, Management-Information mit elektronischer Datenverarbeitung und Rechnungswesen. So kann die Controller-Funktion auch in Form eines Projekt-Teams ausgeübt werden, in dem die genannten Fachbereiche vertreten sind oder es besteht der Controller-Arbeitskreis (CAK).

Im Sinne der Idealorganisation für den Controller gehört die Unternehmensplanung in seinen Bereich. Der Controller existiert nur in Verbindung mit der Planung. *Ohne die Planung wäre der Controller wie eine Waage, die nur eine Schale hat.* Daß der Controller deshalb aber nicht die Planung »macht«, sondern daß er *dafür sorgen muß, daß geplant wird;* daß Planung Aufgabe eines jeden Linien-Managers ist und daß zur Unternehmensplanung der »runde Tisch« gehört, um den sich die beteiligten Funktionen zu versammeln und an dem sie das Planungsgebäude gemeinsam auszukämpfen haben, liegt im Wesen des Controllers als eines Service-Managers, der deshalb immer wieder als ein Ziel- und Plan-»Verkäufer« angesprochen worden ist.

Also: Controller-Funktion zusammengefaßt

In der Aufgabenbeschreibung des Controllers gibt es einmal den Sachaspekt. In sachlicher Richtung soll der Controllerdienst dafür sorgen, daß eine Methodik existiert, die darauf hinwirkt, daß die Unternehmung das Gewinnziel erreicht (Verlust verhindert, ihre Kosten deckt, beim Break-even-Punkt landet).

In personeller Hinsicht ist der Controller nicht ein Kontrolleur über die anderen, sondern er sorgt dafür, daß jeder sich selber kontrollieren kann. Controlling ist also die

Philosophie des Self-Controlling, die es zu instrumentieren und zu interpretieren (einzutrainieren) gilt.

Resümee zum Pflichtenheft des zentralen Controllers (Zentralbereich Betriebswirtschaft)

Hinter dieser Gesamtaufgabe stehen für den Zentralbereich-Controller folgende Einzelaufgaben:

- Bereitstellen und Betreuen einer *Methodik zur Erarbeitung von Unternehmensleitbild und Unternehmensziel* (der Controller macht nicht Ziele, aber er sorgt dafür, daß Ziele definiert sind; namentlich das Return-on-Investment-Ziel);
- *Organisation der Planungsarbeiten* »bottom up«, um sicherzustellen, daß ein »top down« formuliertes Unternehmensziel im Rahmen der Leitbildregeln erreichbar ist;
- *Federführung in der Knetphase,* wenn sich das Budget als nicht zielerfüllend herausstellt;
- *Behüten des Themenspeichers,* der beim Verabschieden der Planung für ein bevorstehendes Geschäftsjahr stehen bleibt;
- Fungieren als *Moderator in der Quo-vadis-Klausur* zur Überarbeitung von Unternehmensleitbild und Unternehmenszielen;
- Dafür sorgen, daß *Verknüpfungen bestehen* zwischen den Ressorts;
- Den *Zusammenhang herstellen* zwischen der strategischen und der operativen – budgetmäßigen – Planung;
- Dafür sorgen, daß jeder *zu seinen Planzahlen auch die Ist-Information* erhält;
- *Veranlassen der Erwartungsrechnung* und Koordination dieser voraussichtlichen Ist-Zahlen zum voraussichtlichen Jahres-Ist des Unternehmens – bis Return on Investment und bis zur hochgerechneten Erwartungsbilanz;
- Sorgen für die *Einhaltung der Spielregeln* für eine motivierende vorschau-orientierte Berichterstattung.

Dabei hätte der zentrale Controller Richtlinien zu geben an die dezentralen Controller – also z. B. an divisionale Controller, Marketing-Controller, Werks-Controller oder Controller-Funktion im Bereich Forschung und Entwicklung oder Logistik. Zu diesen Richtlinien gehören z. B.:

- Einheitlichkeit der Systematik des Rechnungswesens in der Ergebnis-Rechnung, der Kalkulation, der Kostenstellenrechnung sowie der Investitionsrechnung;
- Einheitlichkeit in der Unternehmensplanung bei Planungsbegriffen, in der Formulartechnik sowie vor allem Behüten des Terminkalenders;
- Gewährleistung der Einheitlichkeit des Berichtswesens und der überall in gleicher Form gehandhabten Spielregeln und »Tischmanieren«;
- Durchsetzen der speziellen Befugnisse des Controllers in z. B. *»Sprachhochheit«* in wirtschaftlicher Hinsicht sowie *Reklamationsrecht im Planungsterminkalender.*

Zentrale und Dezentrale Controller-Funktionen

Der Zentralbereich-Controller vertritt die Werkzeugkästen im Rechnungs- und Planungswesen. Dazu gehört aber die Einrichterfunktion oder Anwendungstechnik. Eine solche ressortorientierte Anwendungstechnik obliegt häufig dezentralen Controllern. Das wären innerhalb einer Sparte »eingepflanzte« Controllertätigkeiten, für die es in der Praxis die verschiedensten Bezeichnungen gibt: Zum Beispiel »Planung und Ergebnisrechnung«, Administration, PIC (Planung, Information und Control), Wirtschaftlichkeit – z. B. der Buchstabe »W« für Wirtschaft als Kürzel für den Controller-Dienst.

Die dezentralen Controllerstellen entstehen dadurch, daß die Linienchefs in Verkauf, Produktion usw. die Frage haben, wer ist denn »meiner«? Wer ist mein *Controller-Hausarzt,* der bei mir für den Hausbesuch zuständig ist? Für den anwendenden Linienchef ist es oft schwieriger, die verschiedenen Fachärzte im Zentralbereich Rechnungswesen-Betriebswirtschaft ausfindig zu machen und zielgerechte Fragen zu stellen.

Häufig kommt gerade für die Sparten-Controller ein Organisationsbild vor, das die Abbildung 14 a illustriert:

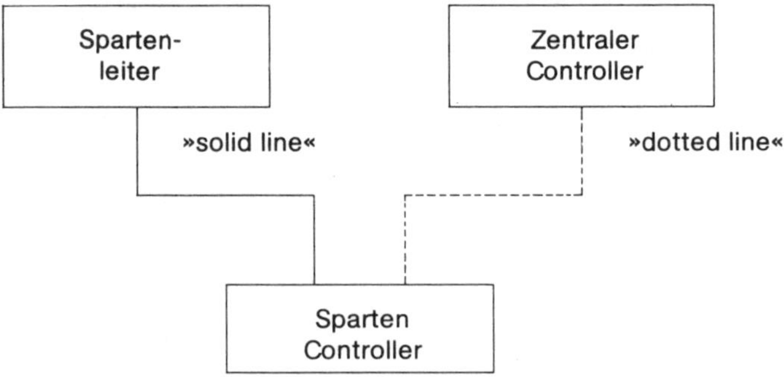

Abb. 14 a: Unterstellung des Spartencontrollers unter die Spartenleitung

Wägt man die Vorteile und Nachteile ab, so könnte sich das in der folgenden Tabelle ausdrücken lassen:

	Licht	Schatten
sachbezogen	Nähe zum Thema (»dran«)	Befangenheit
personenbezogen	Stallgeruch (»drin«)	kein Respekt

Eine andere Möglichkeit wäre, daß der Sparten-Controller disziplinarisch dem Zentral-Bereich unterstellt ist (solid line). Dann besteht die »dotted line« des Sparten-Controllers zu seiner, von ihm zu betreuenden Sparte. Da gilt diese Tabelle der Licht- und

Schattenwirkungen sinngemäß – nur umgekehrt. Es wird schwieriger sein, in die »Festung« der jeweiligen Manager hineinzukommen. Und wenn man es geschafft hat, könnte der so »eroberte« Bereich denken, der Controller möge doch gleich da bleiben. Er erweist sich als hilfreich; also warum nicht gleich von Anfang an mitmachen? Dann entstünde aus dem zweiten Organisationsbild wieder das erste.

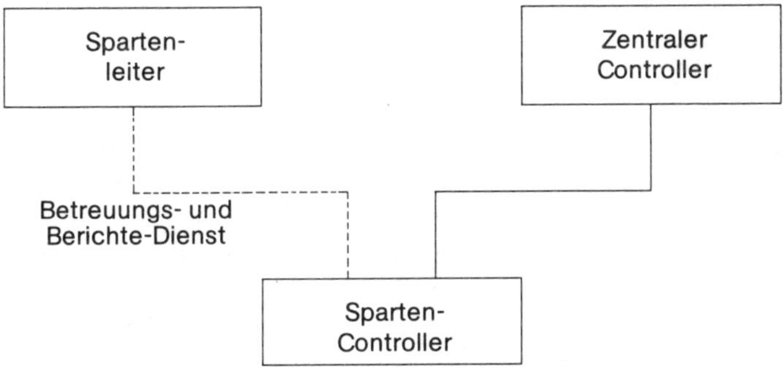

Abb. 14 b: Spartencontroller – eingegliedert in den Zentralbereich

Oder aber man findet eine Lösung, wonach der dezentrale Controller bei seiner Kundschaft wohnt. Das heißt, er hat sein Büro im Werk oder im Vertrieb; untersteht aber disziplinarisch dem Zentral-Bereich Controller. Auf diese Weise ist vielleicht beides vereinbar: Der individuelle Stallgeruch und das Einbezogensein nach Maß sowie gleichzeitig die Einheitlichkeit der Auftankstation und die eindeutige Zuständigkeit unter den Fachbereich.

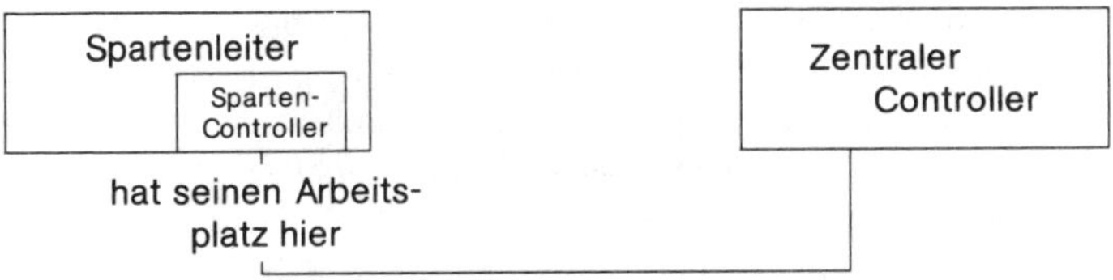

Abb. 14 c: Spartencontroller mit Schreibtisch »bei der Kundschaft«

Kooperation zentraler und dezentraler Controller

Unentrinnbar ist jedoch, daß ein dezentraler Controller eine doppelte Loyalität hat. Einmal ist er berichtszuständig für »seine Leute«. Die haben sicher den Eindruck, daß er für sie tätig ist.

Dann berichtet aber der dezentrale Controller auch an den Zentral-Bereich – bei der Koordination der Planung sowie in dem Zusammenspielen der Erwartungsrechnungen. Und dabei entsteht das Gefühl, daß er nun doch wohl über die von ihm betreuten Männer berichtet so in der Art: »Herr Lehrer, ich weiß was«.

Deshalb sollte unbedingt verhindert werden, daß dezentrale Controller in Sparten oder Werken (Rechnungschefs der Werke) auf dem Korrespondenzweg berichten müssen. Viel günstiger ist ein Controller's Arbeitskreis zwischen zentral und dezentral, der sich zu bestimmten festgelegten Terminen (jour-fixe-Prinzip) trifft.

Und wo das Allfällige mündlich besprochen wird. Unter »Pfarrerstöchter« läßt sich mündlich eher etwas sagen, was man auf dem schriftlichen Wege niemals mitgeteilt hätte – z. B. ob jetzt der Eindruck besteht, daß man sich beim Budget vielleicht warm angezogen hat. Ein Controller-Arbeitskreis – »SKA« als ständige Konferenz der Administratoren – dient auch dem gegenseitigen Training und dem Lernen, wie man Konferenzen führt.

Controller's Anforderungsprofil

Die genannten Beispiele betreffen Organisation und Aufgabenbeschreibung. Zur Aufgabe gehört ein Anforderungsprofil; daraus kommt die Frage nach dem Eignungsprofil desjenigen oder derjenigen, der für die Aufgabe in Frage kommt.

Auch das Anforderungsprofil läßt sich gliedern nach sachlichen Anforderungen und nach persönlichen Voraussetzungen. Man könnte auch sagen, daß es sich um Controller's Sachwissen einerseits und um sein Verhaltenswissen andererseits handelt. Wie das aussehen mag, zeigt die folgende Tabelle.

Methodisch-fachliche Fähigkeiten	Verhaltensanforderungen
Beherrschen des Systems des Rechnungswesens Ganzheitlich-systematisch denken können Abstraktionsvermögen EDV-Kenntnisse, um Auftraggeber für Systemlösungen sein zu können Erklärungsfähigkeit Trainerbegabung Kenntnis in Kommunikationsmethodik Lernfähigkeit Allroundbegabung Analytische Neugierde Beherrschen von Vorgehens- und Problemlösungstechnik Umgehen können mit Kommunikationswerkzeugen (Flipcharts, Stiften, Overhead, Pinwänden, Konferenz-Mobiliar)	Die Geduld, stets auf's neue die gleichen Sachverhalte zu interpretieren Liebenswürdige Penetranz Toleranzbreite Bildhafte Ausdrucksweise (visualisieren) Spüren, ob einer zuckt (oder schluckt) Courage, nicht jeden Sachverhalt gleich an die große Glocke zu hängen Hofnarren-Allüren, um unangenehme Wahrheiten so zu bringen, daß man über sich selber lacht Sich selbst nicht so wichtig nehmen Unverdrossenheit Gesprächsbegleitendes Personal Computer Tippen

Abb. 14 d: Zum Controller's Anforderungsprofil

Controller's Veto-Recht

Immer wieder stellt sich die Frage, worin nun *die Kompetenz eines Controller's* zu sehen sei. Sicherlich besteht sie einmal in seiner *fachlichen Kompetenz,* betriebswirtschaftliche Perspektiven beizutragen. »Betriebswirtschaft« bedeutet ja nichts anderes als *wirtschaftliches Begleiten bei dem, was man betreibt.*

Dabei würde die Controller-Arbeit einmal darin bestehen, *etwas zu veranlassen.* Schrittmacher dafür ist besonders die *Erwartungsrechnung,* die veranlaßt, daß aus Abweichungen therapeutische

Konsequenzen gezogen werden. Vergleiche dazu auch wieder das themenzentrierte Interaktionsformular des Controllers in Abbildung 2b. Das Symbol für die Controller-Arbeit ist das Fragezeichen. Viele Entscheidungen werden ja getroffen oder gefällt nach dem Prinzip des Ausrufezeichens. So machen wir's; wie früher schon; der Chef hat es gesagt; die Experten haben gemeint. *Controller-Kompetenz wäre es, etwas in Frage zu stellen:* Sind alle Fakten geprüft, die Pläne koordiniert, besteht Konsens, in der Erarbeitung bottom up? Was passiert, wenn nicht, ... Bd. I, S. 126.

Eigentlich ist es ein Aufschub erwirken, was der Controller beisteuert. Natürlich kann man das auch negativ auslegen und sagen, der Controller sei ein Verkaufshinderungs- oder ein Ideentötungs-Controller. Aber es hat ja auch keinen Sinn, wenn man drauflos entscheidet so nach kurz, schnell und falsch.

Praktisch bewährt sich als Spielregel der Analysevorbehalt. Stellen z. B. die Fachressorts Personalanforderungen, so könnte der Controller, wenn er nicht überzeugt davon ist, einen Analysevorbehalt anbringen. Ist die Controller-Rolle erkannt und anerkannt, so würde ein Entscheidungsgremium wie ein Vorstand eine mit Analysevorbehalt vermerkte Personalanforderung zurückgeben müssen. Immer wieder geht es um das Grundprinzip des *»vorne gerührt, brennt hinten nicht an«*.

Dies kann auch soweit gehen, daß *regelrecht ein gegengezeichnetes i. O. des Controllers* auf ein Budget drauf muß oder auf einen Projektantrag oder auf eine mit Konsequenzen besprochene Abweichung. Übrigens berichtete einmal ein erfahrener Kollege, daß er sich ein Stempelchen gemacht habe mit dem WEG-Bild aus Band I Abbildung 1. Dieses Stempelchen auf einem Budget hieße von seiten Controller, der Weg läßt sich nach bestem Wissen und Gewissen und derzeitiger Einsicht wirtschaftlich gehen.

Auch könnte man die Controller-Funktion sehr gut einbinden dort, wo es um das Zugeständnis bei Konditionen geht. Warum soll ein im Verkauf Tätiger nicht einmal beim Kunden sagen können, daß es der Controller verboten habe, daß hier ein weiterer Rabatt gewährt wird? Bezieht sich etwa der Verhandlungen führende Niederlassungschef auf seinen Vertriebsvorstand, so könnte es leicht sein, daß dann der Vorstand selber kommt und der Rabatt entsprechend dann noch größer ist. Warum fällt dem Verkauf ein Stein aus der Krone, *wenn er einmal stellvertretend – an seiner Stelle – den Controller den Sachzwang formulieren läßt?*

Übrigens ist das ein Thema, das *ganz unabhängig ist von der Frage, ob sich der Controller nun im Vorstand befindet oder nicht.* Auch ein Vorstandsmitglied mit Controller-Funktion muß auseinanderhalten *seinen Rang und seine Rolle.* Natürlich ist jemand im Vorstand gesamtverantwortlich – aber innerhalb des Vorstandsgremiums spielt der Controller wieder die Rolle im beschriebenen Sinne als betriebswirtschaftlicher Begleiter, Aufschub erwirkend, die fachliche Kompetenz vertretend, den Drittblick beisteuernd – zusammenfassend eine beratende Funktion.

Aber bei dieser Beratung hat der Controller das Recht der ungefragten Beratung (nach einer Formulierung R. v. Geldern, Köln). Dieses Ungefragte heißt das *Recht zum Hausbesuch. Das liegt im Bringprinzip der Controller-Information.* Vor allem gehört in die Controller-Kompetenz das Reklamationsrecht bei Planungsterminen. Denn, wer reklamiert schon, wenn nicht geplant oder auf Signale – gerade auch auf schwache Signale – nicht reagiert wird? Niemand – es sei denn, man organisiert sich die Reklamationen selber.

Der Controller im Management Team

Zwar bewährt sich für die Klärung des Themas der Dialog so, daß da die Manager sind als die Kunden der Controller – und dort die Controller als die Verkäufer der betriebswirtschaftlichen »Ware«. Aber so ist es nicht ganz wirklichkeitsgetreu.

Der *Controller selber ist Mitglied des* Management-Teams. Und wenn interdisziplinäre Entscheidungen zu finden sind, so läßt sich nachher nicht mehr so recht trennen, wer wieviel Prozent zur Entscheidungsfindung beigetragen hat. Vor allem läßt sich nicht so recht trennen, wieviel davon die Information zur Entscheidungsvorbereitung mitgewirkt und wieviel der Entscheidungsträger selber beigesteuert hat. Bei der Fähigkeit zur Teamarbeit, die allerdings oft erst richtig gelernt werden muß, läßt sich nachher nicht mehr trennen, wer in der Gruppe welchen Beitrag und wie die Gruppe nachher das Ganze als Problemlösung gefunden hat.

Auch für den Controller gilt schlußendlich das Orientierungsbild für die Manager-Funktion schlechthin, das wie folgt zu skizzieren ist:

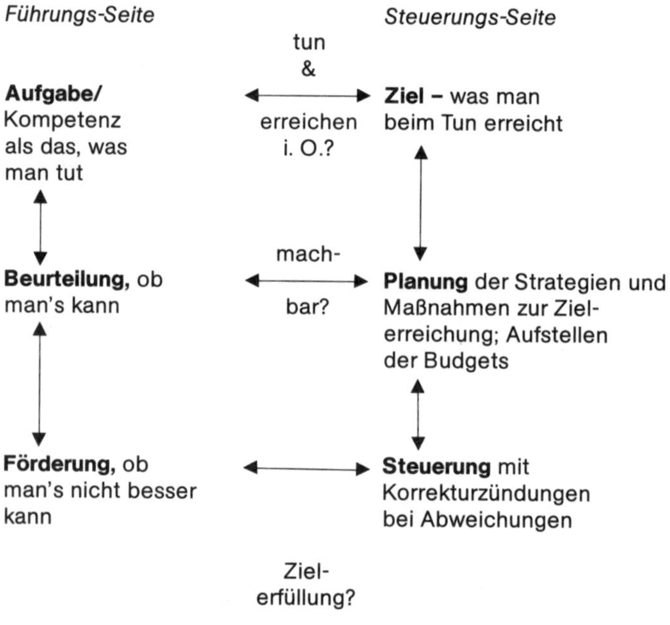

Abb. 14 e: Management-Kernmodell

Hier ist einmal die Seite der *Führung mit Aufgabenbeschreibung, Beurteilung und Förderung*. Auf der anderen Seite stehen die *Ziele mit Planung und Steuerung*. Die Aufgaben des Controllers – also das, was er tut – lassen sich nach diesem Modell ebenfalls verbinden mit Controller's Zielen – also was er bei seinem Tun erreicht. Das wären sicher einmal *Mengenziele* wie Betreuung von Kostenstellen oder Betreuung von soviel Verkaufsbüros. Oder das sind *Service-Niveau-Kennzahlen* wie Terminziele oder die Abweichung des voraussichtlichen Ist, angekündigt zum 30. 9., nachher vom endgültigen Ist.

Und dann wären die Ziele in der Controller-Arbeit *skalierend* zu finden – vielleicht auf einer Skala zwischen 0% und 100%. Etwa beim Kriterium »Berichtsarbeit nach Maß« könnte man ja die betreuten Manager fragen, *sie mögen dem Controller eine Note machen.* Besteht ein Unzufriedenheitsniveau, wäre zu fragen, woher es kommt und an welchen Stellen anzusetzen ist, um »Controllership« im Sinn von Versorgungsangebot und Versorgungsbedarf zu verbessern.

Übrigens gibt's dann auch in der Controller-Arbeit Strategien und selbstverständlich die Planung von Maßnahmen. Strategien sind z. B. die Hausbesuche. Maßnahmenplanung wäre, wie oft man kommt (eine Art Tourenplan). Eine *Berichtsstrategie wäre auch, daß ein Controller-Bericht erst einmal halbfertig ist und in einer Besprechung mit Maßnahmen komplettiert wird.* Eine Strategie in der Controller-Arbeit ist auch das *gesprächsbegleitende Protokoll.* Dazu gehören dann die Maßnahmen des Controllers selber im Sinne der Gestaltung des Konferenzablaufs, des Besorgens von Gerätschaften. Und das hat ja auch in eigener Sache für den Controller budgetmäßige Konsequenzen.

Das Management-Kernmodell der Abbildung 14 e steckt in der Struktur des in Abbildung 15 folgenden Management-Systems drin. Es ist das Skelett und dient als Röntgenbild für das, was sich täglich abspielt. Solche Modelle haben den Sinn, die diffuse Wirklichkeit zu ordnen, sie besser nachvollziehbar zu machen, auf Plausibilität zu überdenken und vor allem das *Management* lernfähig zu gestalten. Klar ist erst, wenn man erklären kann, was Management ist. Sonst müßte man eben sagen, der hat's oder der hat's nicht.

12. Kapitel

Der Controller in Führungsmodell und Führungspraxis

Management enthält zwei Funktionen: die *Führung* und die *Leitung*. Daher kommt es auch, daß man so häufig diesen amerikanischen Begriff verwendet. Es gibt keinen eingeführten deutschsprachigen Ausdruck, der denselben Inhalt hätte. Bei der Führung geht es um die Mitarbeiter, die wissen müssen, was sie zu tun haben (ihre Funktionen), die ausgewählt und beurteilt, motiviert und gefördert werden müssen; denen der Manager heute nicht mehr einfach Befehle erteilen kann, sondern die er überzeugen muß. Die Leitungsfunktion betrifft den »Apparat«. Hier handelt es sich um die Leitung eines Fachbereichs als Spartenleiter, Verkaufsleiter, Produktionsleiter, Einkaufsleiter. In Ausübung der Leitungsfunktion muß ein Ziel erreicht, muß der Weg zum Ziel geplant und muß ein Instrumentenbrett vorhanden sein, demzufolge das aktive Geschäft gemäß Plankurs gesteuert werden kann.

Der Controller ist *Lotse in der Leitungsfunktion* des Managers. Er fungiert als ein Ziel- und Planverkäufer und er hat den Apparat zu schaffen, der im Sinne von Soll-Ist-Vergleichen zur »Ortsbestimmung« und damit zu korrigierenden Steuerungsmaßnahmen verhilft. Andererseits ist *Planung von Führung nicht zu trennen.* Ziele und Pläne sind nur dann realistisch, wenn jemand dahinter steht, sie zu verwirklichen. Dafür muß er motiviert und engagiert sein. Der Controller als »Planverkäufer« übt daher auch das »lean« management. Es ist besser in 100 Fällen um jeweils 1% besser zu sein als in einem Fall um 100%. Dann müssen aber alle mitmachen.

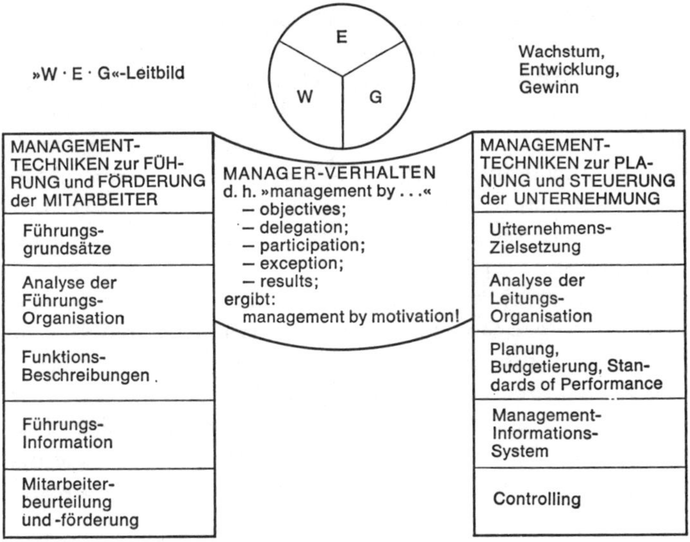

Abb. 15: Konzeption eines Management-Systems

Controller-Führungsmodell

Als Modell für die Führungs- und Leitungs-*Service*-Aufgaben des Controllers dient das in Abbildung 15 dargestellte *Management System.* Diese Konzeption wurde unter Leitung des Verfassers bei der Management Akademie München des Deutschen Instituts für Betriebswirtschaft EV entwickelt – in Zusammenarbeit mit V. Bataillard, Zürich, G. Gruppe, Stuttgart, J. Häusler, Karlsruhe, A. Sahm, München und E. Zander, Hamburg (1970/71).

Am Anfang steht das schon im Band I, Seite 12 definierte *Leitbild.* Dieses Leitbild soll angeben, welchen »WEG« die Unternehmung zurücklegen soll. Der W-E-G-Kreis wirkt wie ein Vexierbild. Einmal soll er veranlassen, die »beliefs« einer Firma zu formulieren und bekannt zu machen. Andererseits wirken die Symbole W, E, G als Katalysator, um in der Dimension Wachstum, Entwicklung und Gewinn Ziele festzulegen. Während das Leitbild idealistisch aufgebaut ist und Dogmen wie »Dienst an der Gesundheit«, »Weltweiter Service«, »Stets an erster Stelle in der Entwicklung«, »Problemlöser«, »Preisbrecher«, »Markenartikelunternehmen« enthält, müssen die *Ziele auf dem Weg zur Erfüllung des Leitbilds* konkret und quantitativ eindeutig aufgestellt sein (vgl. Band I, Seite 18).

Die Zielsetzung kann auch nicht einfach nur auf den Gewinn ausgelegt sein. Zwischen Wachstum, Entwicklung und Gewinn sind Kompromisse zu schließen. So wird es notwendig sein, im Interesse höherer Marktanteile Preis-Chancen zu opfern. Aus dem an sich möglichen Gewinn müssen Etats für zusätzliche Forschungs- und Entwicklungsaufgaben reserviert werden, die der langfristigen Sicherung des Leitbildes dienen. *Balanced Scorecard.*

Beispiel: In das Leitbild würden zum Beispiel Forderungen hinsichtlich des *Umweltschutzes* gehören. Eine Unternehmung soll sich so entwickeln, daß sie ihre »Nachbarn« nicht stört, sondern fördert. Dieses Leitbild konkretisiert sich in der Zielsetzung durch bestimmte Investitions- und Kosten-Etats zur Reinhaltung von Luft und Wasser. Solche Budgets können aber auch wieder nur dann innerhalb des Planungsgebäudes eingerichtet werden, wenn Gewinn erzielt wird. Praktisch sieht das im Rahmen der Planung so aus: Ergibt sich im Budget-Entwurf ein Gewinn, der höher ausfällt als das vom Kapitalertrag her definierte Mindestziel, so besteht die Möglichkeit, derartige Kostenbudgets für Umweltschutz oder Grundlagenforschung zu erhöhen. Auch aus diesen Gedanken ergibt sich, wie illusorisch es ist, von »Gewinn-Maximierung« zu reden. *»Economic value added«.*

Das Leitbild wird von einem Management-System getragen, das in Abbildung 15 wie ein »M« (für Management) oder wie eine Brücke aussieht. Diese Brücke besitzt zwei Pfeiler und einen Brückenbogen. Die *Pfeiler bestehen aus den Management-Techniken* oder der »Hardware«. Man kann sich das so vorstellen, als seien die fünf Abschnitte auf jeder Pfeilerseite »Schubladen« eines Werkzeugkastens, der die »management tools« bereithält. Der *Brückenbogen symbolisiert das Manager-Verhalten* – die »Software«. Er ist rund gezeichnet, um anzudeuten, daß Manager-Verhalten der Situation nach flexibel sein muß und nicht starr etwa einer Führungs-»Anweisung« folgen kann.

Die berühmten »managements by ...« bilden das Manager-Verhalten. Je nachdem wie groß und differenziert eine Unternehmung ist, bedarf es zum Praktizieren modernen Management-Stils der Werkzeuge. In einer kleinen, überschaubaren Firma genügt für »Management by objectives« das persönliche Verhalten des Inhabers, der sich Mühe gibt, seinen Mitarbeitern zu sagen, WAS sie machen sollen und warum (»telling why«) anstatt ihnen vorzuschreiben, wie sie es durchführen sollen. Je umfangreicher die Unternehmung wird, desto mehr bedarf es der Werkzeuge wie etwa schriftlich niedergelegte Funktions- oder Stellenbeschreibungen und in Formularen ausdrücklich ausgearbeitete Budgets.

Die Management-Werkzeuge bilden gemäß der Symbolik des Management Systems zwei Sätze: Den Werkzeugkasten der *Instrumente zur Führung und Förderung* der Mitarbeiter (Führungsfunktion des Managers) sowie denjenigen der *Instrumente zur Planung und Steuerung* der Fachbereiche (Leitungsfunktion des Managers).

Management-Werkzeuge zur Führung und Förderung der Mitarbeiter

Am Anfang stehen hier die *Führungsgrundsätze.* Hier wird das Leitbild »WEG« auf der Führungsseite konkretisiert. Wie wollen wir in unserer Unternehmung haben, daß ein Vorgesetzter seine Mitarbeiter führt. Zum Beispiel könnte man für jeden eindeutig und damit schriftlich festlegen, daß *der Vorgesetzte die Aufgabe eines Trainers habe.* Wie im Fußball. Er soll dafür sorgen, daß seine Mitarbeiter mehr zustande bringen (W für

Wachstum), daß sie Verbesserungsziele in Angriff nehmen und persönlich weiter kommen oder größer werden (E für Entwicklung) sowie daß sie in Verbindung damit auch finanziell aufsteigen (G für Gehalt in diesem Falle). Die Formel WEG gilt also keineswegs nur für die »rechte Seite« des M bei Zielsetzung, Planung und Steuerung. Das WEG-Leitbild »strahlt« auch auf die »linke Seite« der Führung.

In der nächsten Schublade des Führungswerkzeugkastens liegen Techniken bereit, um zu prüfen, ob die *Organisation führungsgerecht* ist. Hier sind Fragen zu klären wie: Ist klar, was jeder zu tun hat? Wie verteilen sich die Aufgaben einer Abteilung auf die Tätigkeiten der Mitarbeiter dieser Abteilung (Arbeitsverteilungsübersicht)? Bestehen Leerläufe oder Doppelverantwortung? Ist einer überfordert, der andere unterfordert? Hat jeder nur einen Vorgesetzten? Hat jeder seinen Stellvertreter?

Diese Fragen stellen sich in jeder Form der fachlichen ausgelegten Organisation. Die Fachorganisation ist in der zweiten Schublade rechts zu Hause. Dort gilt es zum Beispiel zu klären, ob man eine funktionale oder eine Spartenorganisation einführen soll. Egal ob ein Manager als Verkaufsleiter oder als Spartenleiter »organisiert« ist: Die Fragen der Führungsorganisation mit der Zuordnung von Aufgaben und Kompetenzen auf die Mitarbeiter stellt sich für ihn in gleicher Weise.

Hat man die Ist-Organisation daraufhin analysiert, ob sie führungsgerecht »spielt«, bzw. wurden erforderliche Verbesserungen durchgeführt, so kann man die Funktionen in Form der *Funktions- oder Stellenbeschreibungen* schriftlich definieren. Dadurch ist zweifelsfrei geklärt, welche *Aufgaben* ein Mitarbeiter hat sowie welche *Kompetenzen* ihm erteilt sind. Aus der Funktionsbeschreibung ergibt sich, was ihm d e l e g i e r t ist (vgl. Abbildung 9 auf Seite 63). Ferner bilden die Funktionsbeschreibungen, in denen die Anforderungen einer Funktion aufgezählt sind, ein bewährtes Hilfsmittel für die Suche, Einarbeitung und Förderung der Mitarbeiter. Funktionsbeschreibungen haben also organisatorischen wie personellen Nutzen. Aber sie dürfen nicht so betrieben werden, daß sie Sachverhalte zementieren und für den Funktionsinhaber wie eine Zwangsjacke wirken.

Deshalb sollten Funktionsbeschreibungen nicht perfektionistisch unter Beschreibung aller einzelnen Tätigkeiten fixiert werden. Je detaillierter sie sind, desto mehr engen sie ein und desto schneller stimmen sie außerdem nicht mehr. Ferner bewirkt eine ganz genaue Stellenbeschreibung oft das Gegenteil von dem, was sie soll.

Da erhielt in einer großen Firma auch einmal die Pförtnerverwaltung eine sehr lange und sehr ins einzelne gehende Stellenbeschreibung. Eines Tages im Frühjahr hingen am Verwaltungsgebäude dicke Eiszapfen. Niemand kümmerte sich darum, obwohl jeder dachte, daß doch eigentlich die Pförtner die Eiszapfen wegmachen müßten. Schließlich fiel einer Besuchergruppe ein Eiszapfen auf den Kopf. Großer Aufruhr. Der Chef der Pförtnerverwaltung wird zum Vorstand zitiert und zur Rede gestellt. Er bringt seine Stellenbeschreibung mit, in der alle seine vielen einzelnen Tätigkeiten aufgeführt sind; nicht jedoch der Fall der Eiszapfen. (Die Stellenbeschreibung wurde im Sommer gemacht.)

Man sollte es deshalb bei den Funktionsbeschreibungen mehr mit einem auf Napoleon zurückgehenden Spruch halten, wonach *»Richtlinien kurz und ungenau sein sollen«*. Warum? Damit die Offiziere selbständig nach der Situation mit eigener Initiative entscheiden, anstatt sich entschuldigend auf die Richtlinien zu berufen. Dieses auch recht wirtschaftliche Prinzip setzt aber die *Funktion des Vorgesetzten als Trainer seiner Mitarbeiter* voraus: bei jedem einzelnen in dessen Funktion auf dem »Spielfeld« sowie beim Team insgesamt. Stellenbeschreibungen sollten nicht so gehandhabt werden, daß die Mitarbeiter ihre »Vorgesetzten« hinausblocken und ihre Territorialansprüche damit verteidigen. Wenn das so ist, bürokratisieren die Stellenbeschreibungen den schlechten Führungsstil.

In der vierten Schublade ist die *Führungsinformation* zu finden. Information ist hier zu verstehen im Sinne der Motivation.

Was ich nicht weiß, macht mich nicht heiß. Wenn jemand eine Aufgabe übernehmen und sich dafür engagieren soll, muß er wissen, wozu das geschieht. Dazu muß ihn der Vorgesetzte informieren. Würde man hier ins Detail gehen, so müßten die Informationswege von oben nach unten, von unten nach oben, die Quer- und die Schräginformation besprochen werden (vgl. E. Zander, Betriebliches Informationswesen, Taschenbuch beim Sauer-Verlag, Heidelberg).

Um den Sinn dieses Instrumentariums zu verdeutlichen, könnte man die Geschichte von den drei Steinklopfern erzählen, die von einem Passanten gefragt werden, was sie da machen: »Ich klopfe Steine«, meint der erste (er ist »beschäftigt als«). »Ich muß Geld verdienen«, antwortet der zweite. »Ich baue an einem Dom«, sagt der dritte. Er ist der für seine Aufgabe Motivierte, weil Informierte. Hier stimmen Ziel der Unternehmung und Ziel des Mannes überein.

Die Werkzeuge der *Mitarbeiterbeurteilung und Mitarbeiterförderung* sind einmal erforderlich, um die Anforderungen einer Funktion mit der Qualifikation des Funktionsinhabers möglichst gut im Gleichgewicht zu halten. Oft wird es notwendig sein, die Aufgaben einer Funktion um die Qualifikation eines Mannes herumzubauen – besonders wenn der Personalmarkt sehr eng ist. Andererseits kommt es darauf an, einen Mann in die Anforderungen seiner Funktion hineinzufördern – ihn Schritt für Schritt besser einzutrainieren – und, wenn er die Funktion beherrscht, ihn durch »job rotation« bzw. von Linie zu Stab oder umgekehrt bzw. »nach oben« zu be-fördern.

Auch diese Hinweise bestätigen, daß man die Führungsaufgaben nicht reglementiert und statisch, sondern im Fluß oder dynamisch sehen muß. »Der richtige Mann auf dem richtigen Platz« ist eine ähnliche Illusion wie die »Gewinnoptimierung«. Praktisch wird man immer auf dem Weg dahin sein; dieses Resultat aber nie erreichen. Übrigens: für eine Frau auf dem richtigen Platz gilt das ebenso. Managerinnen und Controllerinnen, die dieses Buch lesen, mögen die männlichen Ausdrücke auf sich übertragen (und ertragen).

Management-Werkzeuge zur Planung und Steuerung der Bereiche

Die Schubladen des Werkzeugkastens auf der rechten Seite sind in den einzelnen Kapiteln dieses Buches bereits ausführlich beschrieben.

Der *Zielsetzung* war das 1. Kapitel gewidmet. Dann wurde im 4. Kapitel die Frage geprüft, ob die *Organisation zielgerecht* ist. Hier taucht die Frage der Profit Centers und Sparten auf. Besteht die Möglichkeit, die unternehmerische Zielsetzung W E G direkt einem Bereich als Leistungsmaßstab vorzugeben, als handle es sich um ein Sub-Unternehmen?

Sodann muß das *Planungsgebäude* errichtet werden, wie es Kapitel 6 und 7 beschreiben. Die Planung hat die Funktion, in allen Segmenten der Organisation – deshalb mußte an einer zielgerechten Organisation zuerst gearbeitet werden – sicherzustellen, daß die Zielsetzung der Unternehmung auch realisierbar ist. Andererseits erhält die Planung – als operative Planung im inneren und äußeren Netz – von der Zielsetzung sowie vom Leitbild her ihr O. K. Steht das Planungsgebäude, sind auch die Einzelbudgets verabschiedet. Die Unternehmensplanung hat dafür gesorgt, daß die einzelnen Fahrpläne mit der Gesamtaufgabe zu einer »konzertierten Aktion« zusammengefaßt sind. Aber jedes Einzelbudget – vgl. die Beispiele auf Seite 36 und Seite 43 – bekommt jetzt den Charakter des *individuellen Fahrplans* der verschiedenen Manager in ihrer Leitungsfunktion. *Die Budgets dienen als der quantitative Rahmen für die Delegation von Kompetenzen.* Sie sind daher eine Art »Zwillingsbruder« der Funktionsbeschreibungen, die den qualitativen Rahmen der übertragenen Verantwortung abstecken.

Als Ergebnis der tatsächlichen Dispositionen entstehen Ist-Informationen. In der vierten Schublade rechts ist – parallel zur Führungsinformation – die Leitungs-Information zu finden. Hier liegen die *Bausteine des Management-Informations-Systems* bereit, das in einem Controller-Führungs-Modell hauptsächlich auch ein Gewinn-Management-Informations-System sein muß (vgl. Definition der Deckungsbeitragsrechnung auf Seite 111).

Im Vergleich der Istdaten mit den Plandaten besteht das *Controlling*. Die Abweichungen des Soll-Ist-Vergleichs bilden Signale zur Steuerung (zur dispositiven Planung), wie es im 9. Kapitel dargestellt worden ist. Das System der Soll-Ist-Vergleiche folgt der Art der Budgetgestaltung als Profit-center-Budget (Abb. 3), als flexibles Kostenbudget der Produktion (Abb. 5), als fixes Kostenbudget mit Standards of Performance korreliert (Abb. 8). Fehlt – etwa beim einzelnen Mitarbeiter – ein quantitativer Leistungsmaßstab für das Controlling, so hat die Leistungsbeurteilung durch das Urteil des Vorgesetzten zu erfolgen. Dazu wäre in die fünfte Schublade der linken Seite zu greifen. Die persönliche Färbung des Vorgesetzten bei der Leistungsbeurteilung wäre dadurch auszugleichen, daß man über die einzelnen Urteile eine Verteilungskurve legt, die – ab 80 Mitarbeitern als Erfahrungswert – das Bild der Gauß'schen Normalverteilung annehmen müßte. Wenn nicht, hat der Vorgesetzte entweder zu streng oder zu großzügig beurteilt (vgl. dazu E. Zander, Gehaltsfestsetzung in Wirtschaft und Verwaltung, Sauer-Verlag, Heidelberg).

Die »Story vom Chauffeur« zur Erläuterung des Manager-Verhaltens

Der Brückenbogen in der Abbildung 15 enthält 5 »Management-by«-Begriffe, nämlich *»objectives«*, *»participation«*, *»delegation«*, *»exception«* und *»results«*. Was diese Begriffe bedeuten, erläutert folgendes Beispiel.

a) Unternehmer-Chauffeur-Verhältnis: Ist-Zustand

Ein Unternehmer soll um 11 Uhr in der City einen sehr wichtigen Termin wahrnehmen. Er erteilt seinem Chauffeur den Auftrag, mit dem großen Auto »punkt 20 vor 11 Uhr am Eingang« zu sein. Da er weder über Ziel noch Zeit vorher informiert hat, ist er jetzt ungeduldig darauf aus, daß der Chauffeur so günstig und schnell wie möglich fährt. Er greift ständig ein: »Fahr' doch schneller; jetzt überholt der Esel hier; gib doch Gas; den anderen da noch vorbeilassen, aber diesen hier nicht mehr.« Schließlich – die Zeit rückt vor – reißt ihm die Geduld. Er befiehlt dem Chauffeur, sich neben ihn hinzusetzen, und fährt selbst. (»Alles muß man selber machen; ich bin von lauter Idioten umgeben.«)

b) Unternehmer-Chauffeur-Verhältnis: Soll-Zustand gemäß Management-System

Zuerst wird das Ziel vereinbart: Um 11 Uhr in der City in der Sowieso-Straße Nr. 10. Sodann braucht es ein Budget; hier ein Budget in Zeit. Beide Vorgänge zusammen – Ziel und Plan – bilden das *»management by objectives«*.

Hier könnte aber die Geschichte bereits wieder aus dem Gleis herausspringen. Der Unternehmer könnte trotzdem sagen: »Punkt 20 Minuten vor 11 Uhr wird abgefahren.« Oft genug werden Budgets den »Betroffenen« kurzerhand ohne langes Fragen über den Kopf gestülpt. Gemäß *»management by participation«* muß der Unternehmer den Chauffeur jetzt fragen: »Was meinen Sie, so wie Sie den Verkehr kennen, wann wir wegfahren müssen, um genau um 11 Uhr dort zu sein?« Daraus entwickelt sich aber *kein Laissez-faire-Stil* des Management. Es sind Zielerwartung des Unternehmers und Zielvorstellung des Chauffeurs in Einklang zu bringen – so wie es die Abbildung 1 auf Seite 14 zum Ausdruck bringt. Dabei darf es ruhig auch »blitzen«. Zielerwartung und -vorstellung müssen gemeinsam erarbeitet – notfalls ausgekämpft – werden. Jedenfalls muß der Chauffeur durch seine Entscheidung über die Abfahrtszeit am Budget-Prozeß partizipieren; damit es nachher »sein« Budget ist, das er einhalten soll.

Wie der Chauffeur jetzt fährt, ist ihm delegiert – *»management by delegation«*. Er hat nicht nur die Aufgabe zu fahren, sondern er entscheidet auch, ob er überholt oder nicht, wie schnell er innerhalb der zulässigen Geschwindigkeit fährt, ob er einen anderen noch einbiegen läßt oder nicht, welche Straße er nimmt oder welche Umleitung oder Abkürzung er einschlägt. Dafür ist er kompetent.

»Management by exception« tritt in Kraft, wenn auf der Strecke ein Unfall passiert und der Wagen eingekeilt wird. Jetzt muß der Chauffeur signalisieren: Objecives sind nicht erfüllbar! Er muß die »weiße Fahne« hissen; die Entscheidungskompetenz läuft an den Unternehmer zurück, denn es ist nach wie vor auch seine Verantwortung (sowie Ziel), den Termin 11 Uhr einzuhalten. Er muß jetzt entscheiden, was er tut: Telefonieren und sich entschuldigen, Termin fallen lassen, wie der Blitz in eine andere Straße rennen, um ein Taxi zu kriegen.

Läuft alles plangemäß, so kommt es zum Soll-Ist-Vergleich – zum *»management by results«*. Die Mitarbeiter werden über die Resultate gesteuert. War der Chauffeur pünktlich oder nicht? Der Soll-Ist-Vergleich oder das Controlling hat auch hier dreierlei Konsequenzen (9. Kapitel): 1) Der Chauffeur könnte besser fahren. Diese Signale betreffen zunächst einmal ihn selber – nur daß eben praktisch die Gesamt-Zielstrecke dazu in Teilabschnitte oder Checkpoints aufgeteilt sein muß, damit er nicht erst am Ende merkt, daß er zu spät dran ist, sondern noch rechtzeitig für Korrekturmaßnahmen sorgen kann. 2) Die Kunst, Budgets zu machen oder »objectives« zu setzen, ist verbesserungsbedürftig. Wir trauen uns noch zu wenig oder zu viel zu. 3) Der Chauffeur ist zu fördern – vielleicht soll er ein Rennfahrtraining absolvieren –, oder durch einen Kollegen zu ersetzen.

Controller-Führungspraxis: 1. Fallbeispiel – Preissenkung und Steigerung der Stückzahl im Verkauf

Der Verkaufsdirektor einer Spirituosenfabrik will eine bestimmte Marke durch einen Aktionspreis forcieren. Der Verkaufspreis liegt – als Abgabepreis gegenüber dem Handel – heute bei 12,50. Der Verkaufs-Boss stellt sich vor, daß der Abgabepreis um 20% auf 9,98 reduziert wird. Er rechnet dabei mit einem erheblich steigenden Absatzvolumen.

Was sagt dazu der Controller? Zuerst einmal muß er kalkulationstechnisch klären, ob der neue Verkaufspreis nicht womöglich unterhalb der Grenzkosten liegt. Dann müßte er den Verkaufsdirektor davon überzeugen, daß der zusätzliche Erlös eines Artikels aus zusätzlichen Stückzahlen zumindest so groß sein muß wie die durch die zusätzlichen Stückzahlen hinzukommenden Kosten. Angenommen, die Grenzkosten liegen bei 7,50. Von da her wäre ein Verkaufspreis von 9,98 noch in Ordnung. Aber was jetzt?

Der Controller könnte den Verkaufschef fragen: »Wieviel verkaufen Sie mehr beim neuen Preis?« Die Antwort wäre wahrscheinlich: »Viel!« oder »Der Marktanteil wird erheblich steigen« oder »Wir werden die Konkurrenz gewaltig zurückdrängen!« oder ähnliche Reden. Der Controller müßte resignieren.

Er könnte auch autoritär reagieren und sagen: Beim Preis 9,98 verkaufen Sie das Dreifache! Die Antwort des Verkaufsdirektors: »Dann machen Sie's doch gleich selber!« oder – bei einem starken Controller – »Am grünen Tisch ist gut reden, und ich sage Ihnen gleich, daß ich für nichts garantiere.« Nachher wird der Verkaufschef geradezu beweisen wollen, daß der Controller vom Markt nichts versteht.

Der Controller muß als *Ziel- und Planverkäufer* fungieren. Ziele müssen aber konkret sein. Also muß er einen konkreten Vorschlag machen. Dafür wird ein »Einstieg« benötigt, der am besten beim »Besitzstand« liegt. Der Controller müßte also zum Verkaufsdirektor sagen: »Damit wir trotz des Aktionspreises genausoviel Deckungsbeiträge haben wie seither (Besitzstand), müssen Sie mindestens soviel Stück mehr verkaufen können!«

Das »Müssen« ergibt sich nach »Wenn ..., dann ...«. Im Band I, Abb. 11 wurde das Werkzeug der Iso-Deckungsbeitragskurven gezeigt. Es handelt sich zugleich um ein Konferenzwerkzeug auf dem

Flipchart zum besseren Ein-Sehen. Oder man kann die *Absatz-Zielsetzungs-Tabelle* der Abbildung 16 zu Rate ziehen.

Die Zahlen der Tabelle stellen die erforderliche Absatzsteigerung in % vom bisherigen Verkaufsvolumen dar.

Preis-senkung in %	Grenzkosten in % vom „alten" Verkaufspreis								
	10%	20%	30%	40%	50%	60%	70%	80%	90%
1	1,12	1,27	1,45	1,95	2,04	2,56	3,45	5,26	11,12
2,5	2,86	3,23	3,71	4,34	5,27	6,67	9,08	14,28	33,33
5	5,88	6,67	7,69	9,08	11,11	14,28	20,00	33,33	100,00
7,5	9,08	10,34	12,00	14,30	17,65	23,08	33,33	60,00	300,00
9	11,11	12,69	14,67	17,67	21,95	29,05	42,85	81,80	900,00
10	12,50	14,29	16,67	20,00	25,00	33,33	50,00	100,00	Verlust
12,5	16,10	18,50	21,70	26,30	33,33	45,40	71,40	166,67	
15	20,00	23,08	27,24	33,33	42,80	60,00	100,00	300,00	
17,5	24,10	28,00	33,33	41,20	53,80	77,80	140,00	700,00	
18	25,00	29,05	34,60	42,80	56,20	81,80	150,00	900,00	
20	28,58	33,33	40,00	50,00	66,67	100,00	200,00	Verlust	
25	38,50	45,40	55,50	71,40	100,00	166,67	500,00		
27	42,90	50,90	62,80	81,80	177,40	207,50	900,00		
30	50,00	60,00	75,00	100,00	150,00	300,06	Verlust		
33,33	58,70	71,20	90,80	125,00	200,00	500,00			
35	63,60	77,70	100,00	140,00	233,33	700,00			
36	66,67	81,80	105,90	150,00	257,00	900,00			
40	80,00	100,00	133,33	200,00	400,00	Verlust			
45	100,00	128,50	180,00	300,00	900,00				
50	125,00	166,67	250,00	500,00	Verlust				

Rechenformel für die Tabellenwerte:

$$\text{Absatzsteigerungs-Prozentsatz} = \frac{\text{Preissenkungs-Prozentsatz}}{100 - \text{Grenzkosten-Prozentsatz} - \text{Preissenkungs-Prozentsatz}} \cdot 100$$

Abb. 16: Zielsetzungen zur Erhöhung des Absatzes bei Preissenkungen oder Rabatten

In dieser Tabelle ist in der ersten Spalte der Preissenkungs-Prozentsatz angegeben. Die folgenden Spalten kennzeichnen den Grenzkostenanteil in Prozent vom seitherigen Verkaufspreis. Die Zahlenwerte in der Tabelle stellen Prozentsätze dar, bezogen auf das seitherige Absatzvolumen in Einheiten. Bei den hinteren Spalten taucht dann das Wort »Verlust« auf. Das ist auch verständlich; denn, wenn ein Produkt einen Grenzkostensatz von 80% besitzt, würde eine Preisreduktion von über 20% nur zusätzliche Verluste machen. Der Umsatz könnte es nicht mehr bringen.

Im Beispiel will der Verkaufsdirektor den Preis um 20% heruntersetzen. Die Grenzkosten von 7,50 machen 60% vom alten Verkaufspreis von 12,50 aus. Die Tabelle enthält bei der Zeile 20% und der Spalte 60% den Wert 100,00. Das bedeutet, daß sich der Absatz während der Aktionszeit verdoppeln muß, damit trotz des reduzierten Verkaufspreises mit diesem Artikel das gleiche Deckungsbeitragsvolumen erzielt wird wie seither.

Dieses Mindestziel des Controllers wirkt wie eine *»Meßlatte beim Hochsprung«*. Er muß den Verkaufsdirektor jetzt fragen: »Springen Sie da drüber?« Wie ist das vom Markt her erreichbare Ziel beim Absatz als Folge des herabgesetzten Aktionspreises? Um dieses erreichbare Ziel festzulegen, muß der Verkaufschef ein »Plan-Commitment« über den Zusammenhang zwischen Verkaufspreis und Stückzahl (Nachfragefunktion) machen. Wie reagieren die Kunden auf den Aktionspreis? Hat er eine wesentliche Absatzbelebung zur Folge? Ist die Nachfrage hier preiselastisch?

Legt sich der Verkaufsdirektor auf ein Absatzziel fest, das mehr als das Doppelte der seitherigen Stückzahl umfaßt, kann der Controller als Ziel-Verkäufer beruhigt sein.

Was aber macht der Controller, wenn der Verkaufs-Boss das von ihm ermittelte Mindestziel nicht erreichen kann; aber dennoch auf der Preissenkung beharrt, weil der Aktionspreis als Vehikel zur Vergrößerung des Marktanteils dienen soll? Versagt er dann sein O. K.? Kann der Verkaufsdirektor den Preis dann nicht heruntersetzen?

Das letzte Wort hat der Verkauf. Er hat die Funktion zu verkaufen; muß also wie der Chauffeur beim Fahren die Kompetenz besitzen zu entscheiden. *Der Controller muß den Preis der Verkaufsentscheidung angeben!* Er muß als Ziel- und Planverkäufer *dem Verkaufs-Chef sagen, wieviel entgehende Deckungsbeiträge ihn das Ziel des zusätzlichen Marktanteils kostet.* Entscheiden, ob der neue Marktanteil mit diesem Preis erkauft werden soll, muß der Verkaufschef selbst. Aber wenn er auf die Dauer nicht im Gleichschritt die Zielsetzung W-E-G verfolgt, kann er nicht auf die Dauer die Funktion des Verkaufsmanagers beanspruchen.

Controller-Führungspraxis: 2. Fallbeispiel — »Ich mache hier die Preise, aber der Verkaufsmanager weiß das nicht«

Diese These äußerte in einem Gespräch mit dem Verfasser in den USA einmal der Controller eines Unternehmens der chemisch-pharmazeutischen Industrie in Detroit. So verblüffend dieser Satz zunächst klingen mag: aber darin liegt viel von der Führungsphilosophie des Controllers verborgen.

»Ich mache die Preise, aber mein Kollege Verkaufsmanager weiß das nicht.« Warum nicht? Weil der Verkaufsmanager selbst über die Verkaufspreise die Entscheidung trifft. Aber der Controller bohrt solange an ihm herum und läßt ihm im Sinne von »completed staff work« solange keine Ruhe, bis Verkaufspreise zustande gekommen sind, die auch von den Kostendekkungszielen des Controllers her in Ordnung sind.

Wollte man also eine Art Symbol für die Tätigkeit des Controllers schaffen, so wäre vielleicht geeignet dafür nicht etwa der Dreschflegel, sondern der Bohrer. Man könnte als Controller sich so ein »Status-Symbol« hinter dem Schreibtisch aufhängen, damit Besucher gleich sehen, daß hier zwar »sympathetic, but tough« an Zielen und Plänen gebohrt wird. Es ist das Prinzip der Schnittmenge, das wir hier erleben (vgl. S. 177).

Controller-Führungspraxis: 3. Fallbeispiel – Zusammenwirken von Deckungsbeitrag I und Deckungsbeitrag II in der Artikelerfolgsrechnung

In einem Unternehmen der Markenartikelindustrie ergibt sich aus der Artikelerfolgsrechnung das in Abbildung 17 angedeutete Bild. Vom Deckungsbeitrag I sind die artikel-direkt disponierten Etats für Werbung und Verkaufsförderung abgezogen. Während im Falle des Artikels 2 der Deckungsbeitrag I gut aussieht, steht dieses Produkt in der Zeile Deckungsbeitrag II in einem sehr ungünstigen Licht. Für jeden der drei Artikel gibt es in der Organisation des Marketingbereichs einen besonderen Produkt-Manager. Aufgabe der Produkt-Manager ist es, dafür zu sorgen, daß »ihr« Erzeugnis im Verkauf, in der Werbung, in der Produktion, Verpackungsgestaltung und im Einkauf von Rohstoffen möglichst gut vorankommt. Die Produktmanager sind vor allem zuständig für die Planung und Steuerung des Werbemittel- und Verkaufsförderungs-Einsatzes. Sie begründen mit ihrer Aktionsplanung die notwendigen Etats und verfügen auch darüber.

Was sagt der Deckungsbeitrag II? Ist der Artikel Nr. 2 im Vergleich zu den anderen Erzeugnissen schlecht?

	Artikel 1	Artikel 2	Artikel 3	usw.
Netto-Erlöse	×	×	×	
./. Grenzkosten des Umsatzes	×	×	×	
= Deckungsbeitrag I	×	× günstig	×	
./. Direkte fixe Kosten für Werbung und Verkaufsförderung	×	×	×	
= Deckungsbeitrag II	×	(×) ungünstig	×	

Abb. 17: Modell der Artikelerfolgsrechnung mit Deckungsbeitrag I und Deckungsbeitrag II

Wie bereits dargestellt, bildet der Deckungsbeitrag I den Einstieg in die Produktbeurteilung. Von daher kann man also am Erzeugnis Nr. 2 nicht viel aussetzen. Der Deckungsbeitrag II hingegen bildet den *Einstieg in die Strategiebeurteilung:* Wie gut ist das, was an Werbung und Verkaufsförderung für den Artikel 2 gemacht wird? Oder – im Sinne des »responsibility accounting« – wie gut ist der Produkt-Manager, der für das Vorantreiben von Artikel 2 zuständig ist?

Spricht der Controller den Produkt-Manager auf den ungünstigen Deckungsbeitrag II an, so wird jener sagen, daß es sich um eine *Marktinvestition* handle, die sich in roten Zahlen eben äußern müsse. Schließlich baue er, der Produkt-Manager, am Markt der Unternehmung für das Jahr 2012! Was macht der Controller? Resigniert er »sauer« und erklärt, daß man den Markt von 2012 nicht mehr brauche, wenn man vorher pleite sei?

Auch in diesem Fallbeispiel erweist sich wieder die Funktion des *Controllers als ein Planverkäufer.* Er kann nicht in die Kompetenz des Produktmanagers eingreifen und es besser wissen und entscheiden können als dieser. Aber *er kann ihn dazu veranlas-*

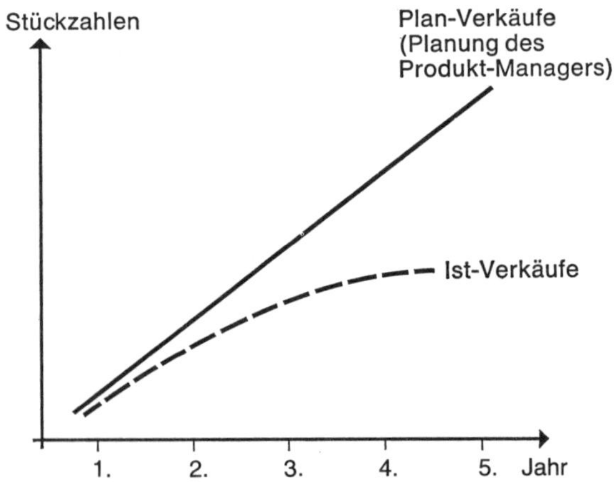

Abb. 18: Langfristige Wachstumsplanung für Artikel 2

sen, im Sinne der langfristigen Marktentwicklung für sein Erzeugnis Nr. 2 eine Planung aufzustellen. Vgl. Abb. 27 Band I.

Ganz vereinfacht könnte eine solche Planung aussehen wie in Abbildung 18. In dieser Planung, die als eine langfristige Artikelerfolgsrechnung aufzubauen ist, muß sich auch zeigen, von wann ab die Stückzahlen des Artikels 2 mit dem Deckungsbeitrag I ausreichen, die Werbe-Etats zu überspringen, die später sicher auch niedriger sein können. Die Mehrjahresplanung muß nachweisen, ab dem wievielten Jahr der Deckungsbeitrag II positiv wird und anfängt, nicht nur ein Deckungsziel auch für die zentralen fixen Kosten zu erbringen, sondern auch die früheren »roten Zahlen« wieder einzuspielen. Hätte sich der negative Deckungsbeitrag II deshalb ergeben, weil – wie es die Abbildung 18 nahegelegt – die Ist-Stückzahlen hinter den Planstückzahlen zurückbleiben; weil also der Produktmanager seine Planziele offensichtlich nicht erfüllt, so startet wieder der bereits erläuterte *dreistufige Aktionsprozeß*:

1. Was für eine *Art Werbung und Verkaufsförderung* unternimmt dieser Produkt-Manager? Wirbt er mit den richtigen Argumenten, über die richtigen Medien im richtigen Marktsegment?
2. War die *Planung falsch?* Kann man dieses Erzeugnis überhaupt durch Werbung fördern? Dauert der Prozeß der Einführung länger? Muß man Gewohnheiten der Verbraucher ändern, die sich nur langsam und langfristig beeinflussen lassen?
3. Ist der *Produkt-Manager für seine Aufgabe geeignet?* Oder handelt es sich hier um einen Mann, der zwar stets optimistisch, aber nicht realistisch denkt? Hofft er immer noch auf bessere Zeiten? Wird andauernd weiterhin das gute Geld dem schlechten Geld nachgeworfen, nur weil sich eine Marketing-Koryphäe einmal auf etwas festgelegt hat und nicht das Gesicht verlieren will?

Der Führungsstil des Controllers ist ein Führungsstil mit Fra-

gezeichen; gerade mit solchen, die unbequem sind. Fragezeichen sind aber Angelhaken, sind »Bohrer«, um Verbesserungen aufzudecken. Die Kunst, Fragen zu stellen und zu einer Präsentation des Partners herauszufordern, gehört ganz allgemein zum modernen Stil des Managers, der durch Überzeugung statt durch Befehle führt.

Controller-Führungspraxis: 4. Fallbeispiel — Das Verkaufspreiskomitee

Um einen runden Tisch versammelt sich das Verkaufspreiskomitee – wie es in Abbildung 19 zu sehen ist. Runde Tische sind ein Management-Symbol. Man weiß nicht schon optisch, wer oben sitzt.

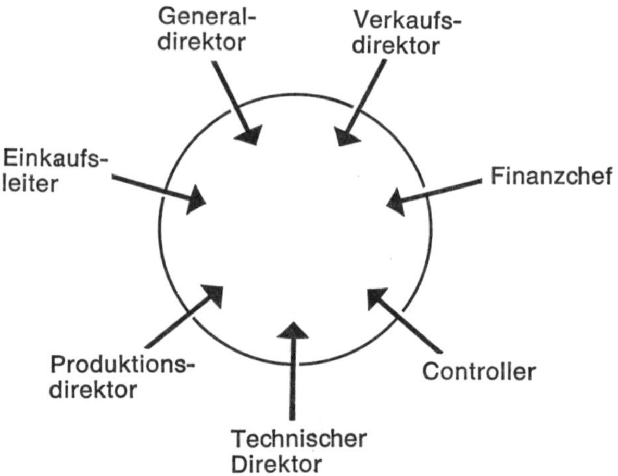

Abb. 19: Verkaufspreiskomitee

Frage: *Wer hat im Verkaufspreis-Komitee die Rolle des Gesprächsleiters oder »Moderators«?* Manche sagen, der Generaldirektor, weil er nach Protokoll der oberste ist. Zwar wird man zu akzeptieren haben, daß der Generaldirektor das Gespräch eröffnet. Aber er kann die Leitung der Sitzung ohne weiteres auch abgeben. Ohne hier ein Vorurteil zu haben: Die Sitzung des Preiskomitees sollte der Controller leiten. Er ist der »Vorschläger«; der Mann, der die Fragen stellt; der das Protokoll führt. Der Controller ist der *einzige, der in diesem Ausschuß nichts entscheidet.* Er ist der neutrale Mann, der dafür sorgen muß, daß auch an das Ziel Gewinn gedacht wird, der generell die Funktion des Ziel- und Plan*verkäufers* wahrzunehmen hat.

	Summe	Artikel (-sparte) 1	Artikel (-sparte) 2	Artikel (-sparte) 3
	DM	DM	DM	DM
1 Absatz in Stück	–	300	400	500
2 Erzielter Verkaufspreis	–	150,–	30,–	200,–
3 Standardgrenzkosten je Stück	–	125,–	20,–	120,–
4 Erlös (Netto-Erlös)	157 000,–	45 000,–	12 000,–	100 000,–
5 Standardgrenzkosten des Umsatzes	105 500,–	37 500,–	8 000,–	60 000,–
6 Deckungsbeitrag I	51 500,–	7 500,–	4 000,–	40 000,–
7 Fixkosten	26 000,–	–	–	–
8 Gewinn	25 500,–			
Kennzahlen				
9 Deckungsbeitrag je Stück		DM 25,–	DM 10,–	DM 80,–
10 Montageminuten je Stück		12,5	4	50
11 Deckungsbeitrag je Montageminute		DM 2,–	DM 2,50	DM 1,60

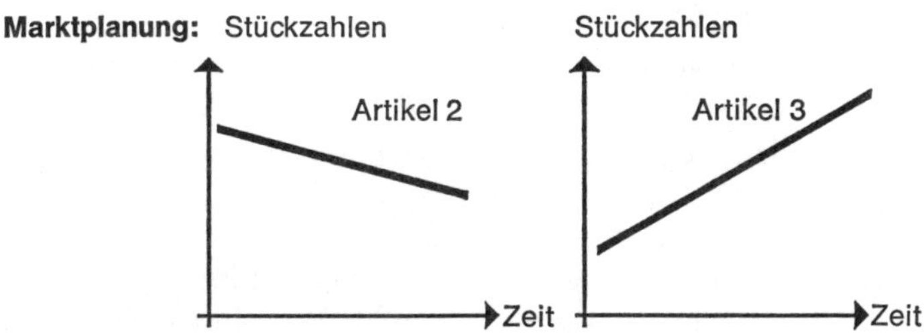

Abb. 20: Artikelerfolgsrechnung und -planung

Auf den Tisch des Preiskomitees wird eine Artikelerfolgsrechnung und -planung gelegt, wie sie die Abbildung 20 veranschaulicht. Der Konflikt besteht beim Artikel Nr. 3. Dieses Produkt besitzt im Engpaß Montage (Facharbeiter-Engpaß) nur einen Deckungsbeitrag von 1,60; von allen Erzeugnissen also den niedrigsten, obwohl der Deckungsbeitrag je Einheit weitaus der höchste ist. Dagegen hat Artikel 2 den schlechtesten Deckungsbeitrag je Einheit; jedoch den höchsten Deckungsbeitrag je Engpaßeinheit. Es ist wieder wie im I. Band beim Fallbeispiel der Lamina AG. Forciert man den Artikel 3, so geht das nur, wenn entweder Produkt 1 oder Produkt 2 gedrosselt wird. Die Folge ist ein Rückgang im Volumen der Deckungsbeiträge. Genau dieser Sachverhalt ergibt sich vom Sog des Marktes her. Produkt 3 ist das Wachstumsprodukt mit den großen Zukunfts-Chancen, während das im Deckungsbeitrag je Minute günstige Erzeugnis 2 allmählich aber sicher an Boden verliert.

Da man den Markt nicht umkrempeln kann und auch gar nicht soll, vor allem wenn Erzeugnis 3 technisch fortschrittlich ist, müssen vom Preiskomitee die *Strukturdaten des Artikels 3 geändert* werden. Dafür gibt es drei Angriffspunkte: Preiserhöhung, Grenzkostensenkung, Montagezeitverkürzung. Auch hier zeigt sich wieder der enge Zusammenhang zwischen *Verkaufspreisplanung und Wertanalyse.*

Angenommen, als Resultate der Ausschuß-Sitzung bei Artikel 3 werden:

- der Verkaufspreis auf 220,– erhöht;
- die Grenzkosten durch besseren Einkauf auf 105,– gesenkt;
- die Belegungszeit in der Montage durch eine Vorrichtung auf 40 Minuten reduziert.

Daraus ergibt sich ein Deckungsbeitrag je Einheit von 220,– ./. 105,– = 115,–; bezogen auf 40 Minuten Belegungszeit = 2,875 je Minute.

Damit stimmen Marktstandpunkt und Gewinnstandpunkt überein. Artikel 3 hat vom Markt her die günstigsten Wachstumschancen trotz der Preiserhöhung und weist jetzt auch den vorteilhaftesten Deckungsbeitrag aus.

Wer aber hat über die drei Maßnahmen entschieden? Das Team, könnte man jetzt sagen. Aber das ist keine vollständige Antwort. Was heißt, »das Team« soll entscheiden? Sollen die am runden Tisch versammelten Herren *nach demokratischen Regeln abstimmen?* Zum Glück könnten sie es. Sie sind nämlich zu siebt. Also könnte bei einer solchen – vielleicht sogar geheimen – Abstimmung herauskommen, daß man auf Vorschlag des Controllers mit 6 gegen eine Stimme den Verkaufspreis auf 250,– erhöht. Der eine, der dagegen gestimmt hat, ist der Verkaufsdirektor. Kann das gut gehen? Wenn der Verkaufs-Chef den Preis 250,– für zu hoch hält, aber überstimmt wird, so wartet er doch bloß darauf, bis er seinen Kollegen beweisen kann, daß er Recht gehabt hat. Vielleicht hat er entsprechende Vorbehalte schon im Protokoll vermerken lassen.

Soll also der *Generaldirektor entscheiden?* An sich stünde ihm das doch zu. Angenommen er ist es, der kraft seines Amtes den Verkaufspreis bei Artikel 3 gegen die Bedenken des Verkaufs-Chefs auf 240,– festlegt. Dann passiert das gleiche. Entweder stellt der Verkaufsdirektor seinen Posten zur Verfügung. Oder er schluckt die Pille und verläßt frustriert das Sitzungszimmer. Wenn es nachher schief geht, wird er immer nachweisen können, daß man besser daran getan hätte, auf ihn zu hören.

Wenn man will, daß ein Manager sich mit einem Ziel oder Plan identifiziert, so muß *er* es sein, der auch entscheidet. Diese Regel wurde bereits in den Führungs- und Planungsgrundsätzen des 8. Kapitels (vgl. Seite 15) aufgestellt. Sie bildet generell die *Spielregel für partizipatives Management: Derjenige entscheidet jeweils, der das Team zum gewünschten Erfolg bringen soll.*

Demnach muß über den Verkaufspreis der Verkaufs-Chef entscheiden. Er ist es, der zu diesem Preis verkaufen soll. Der Controller muß jedoch als Planverkäufer dafür sorgen, daß der

Verkaufsmanager nicht allein den Preis, sondern auch die Stückzahl festlegt, die er zu diesem Preis unterbringen will.

Ob man im Einkauf günstigere Konditionen erreichen kann, bildet die Funktion des Einkaufsleiters. Also hat er die Kompetenz, darüber zu entscheiden, wieviel hier zu realisieren ist. Er muß dafür engagiert sein, sein Commitment auch zu vollbringen. Ganz abgesehen davon, daß er es ist, der den Beschaffungsmarkt kennt und weiß, was in Verbindung mit zusätzlichen Stückzahlen auch auf der Bestellseite bei den maßgeblichen Lieferanten zu holen ist.

Verantwortung und Entscheidungskompetenz darüber, ob man die Konstruktion ändern kann, ohne daß das Produkt von seiner Eigenart und seinem Wert etwas verliert, besitzt der Technische Leiter. Er ist der Fachmann sowie derjenige, der hier das Vorgestellte in die Tat umsetzen und dafür seine Mitarbeiter motivieren soll. Also sollte eine solche Maßnahme nicht über seinen Kopf hinweg entschieden werden.

Rationalisierungsziele in der Produktion muß der Werksleiter mit seinen Mitarbeitern in die Tat umsetzen. Nach participativem Management-Stil entscheidet er im Team, inwieweit Verbesserungen bei der Belegungszeit des Artikels 3 realistisch, weil durchsetzbar sind.

Der Finanz-Chef oder Treasurer hätte die Entscheidungskompetenz, falls die Rationalisierungsmaßnahmen der Produktion mit Investitionen verbunden wären, die zusätzlich finanziert werden müßten, oder falls es sich herausgestellt hätte, daß der Verkaufs-Chef in Verbindung mit dem erhöhten Verkaufspreis von Artikel 3 und Beibehaltung derselben Absatzziele weitere Werbemittel braucht. Der Treasurer ist der Beschaffer von Geld. Er kennt hier den Markt und die Konditionen und ist im Team derjenige, der erweiterte Finanzierungsziele verwirklichen soll.

Lediglich der Controller entscheidet gar nichts. Daher fällt ihm die Rolle des neutralen Moderators zu. Sein Anliegen besteht als Ziel- und Planverkäufer oder als Herausforderer darin, mit Hilfe seines Zahlen-Steuerungs-Apparats den im Beispiel zwischen Gewinn- und Marktstandpunkt bestehenden Konflikt aufzudecken und solange im Team zu b o h r e n , bis die Verhältnisse wieder im Lot sind.

Was macht aber dann der Generaldirektor? Sitzt er nur dabei und sorgt für Atmosphäre? Wie bereits bei der Interpretation des Verhaltens des Verwaltungsratspräsidenten der Lamina AG (Band I, Seite 111) erläutert, muß der Generaldirektor über *Konflikte beim Leitbild entscheiden.* Handelt es sich um eine Unternehmung, die als Problemlöser technische Maßanzüge liefert? Dann wird bei Konstruktionsvereinfachung und Rationalisierung weniger zu holen sein als bei einer Erhöhung des Verkaufspreises. Oder soll ein breiter Markt möglichst intensiv mit preisgünstigen Erzeugnissen versorgt werden? Dann kann man den Verkaufspreis nicht erhöhen und muß dafür die Grenzkosten unter Druck setzen. Der Ziel-Deckungsbeitrag, den Artikel 3 im Vergleich zu Artikel 2 mindestens in Höhe von 2,50 je Minute bringen soll, kann an beiden Fronten erkämpft werden – an der Verkaufspreisfront wie an jener der Grenzkostensenkung.

Sodann wird es Aufgabe des obersten Chefs sein, über *Zielkonflikte den Schiedsspruch* zu fällen. So besteht bei Artikel 3 ein Konflikt zwischen der Wachstums- und der Gewinn-Komponente des W-E-G-Zielsystems. Der Verkaufsdirektor könnte bei diesem Erzeugnis auch die Strategie befolgen, den Preis trotz der bestehenden Produktvorteile gegenüber der Konkurrenz und der guten Wachstums-Chancen im Markt nicht heraufzusetzen, um die Mitbewerber nicht einzuladen, sich gleichfalls intensiv bei dieser Art Erzeugnis zu engagieren (»stay-out-pricing«). Falls durch Konstruktions- und Produktionsvereinfachung sowie durch vorteilhafteren Einkauf der Zieldeckungsbeitrag von mindestens 2,50 bei Artikel 3 dann nicht sichergestellt werden könnte, würde ein Rückgang im Deckungsbeitragsvolumen einsetzen. Artikel 2 bildet sich zurück und entzieht je Minute 2,50. Artikel 3 drängt nach vorne in der Kapazitätsbeanspruchung und bringt weniger als 2,50 für die Minuten, die ihm auf dem Engpaß zusätzlich reserviert sind. Ob Wachstum oder Gewinn die Priorität unter den Zielen haben soll, muß der Generaldirektor selbst entscheiden. Durch sein Votum hinsichtlich der Zielpriorität setzt er für die jeweiligen Entscheidungen der Funktions-Chefs neue Eckpunkte.

Ferner hat der Generaldirektor die Kompetenz zu entscheiden, wer Chef des Verkaufs, der Produktion, des Einkaufs, der Finanzen und wer der Controller ist. Zwar muß eine solche Personalentscheidung nicht jeden Tag neu getroffen werden. Doch ist die stillschweigende oder ausdrückliche Bestätigung eines leitenden Mannes in seiner Funktion auch als eine Entscheidung zu werten.

Typen der Management-Systeme oder Führungs-Stile

Von Rensis Likert, Professor am Institute for Social Research der University of Michigan, stammt folgende Einteilung der Management-Systeme und des Manager-Verhaltens:

1. *Ausbeutend-autoritär* (exploitative-authoritative) – der kapitalistische Ausbeuter- oder der sozialistische Stachanow-Stil. Mitarbeiter sind Werkzeuge. Das knochenharte Management denkt nur an hohen Umsatz und niedrige Kosten. Wenn das Werkzeug Mitarbeiter dabei verschleißt, wird es ausgetauscht.

2. *Wohlwollend-autoritär* (benevolent-authoritative) – man erinnert sich daran, daß die Mitarbeiter auch Menschen sind, die man dementsprechend behandeln sollte. Die »human relations« entstehen. Nach diesem System handelt – positiv betrachtet – auch der Patriarch, der seine Mitarbeiter wie seine Kinder sieht, die man streng aber gerecht erziehen muß. Nur daß dieser Stil heutzutage weder zu Hause noch in der Firma ankommt.

3. *Consultativ* (consultative) – hier entscheidet nach wie vor im Beispiel des Preiskomitees der Generaldirektor. Aber er fragt vorher seine Fachleute, was sie von diesem oder jenem

halten. Consultativer Führungsstil wird nicht selten generell mit kooperativer Führung gleichgesetzt. So zitiert zum Beispiel E. Zander gerne den Heiligen Benedikt mit dessen Klosterregel: »Wenn es im Kloster etwas zu entscheiden gibt, versammle der Abt die Brüder um sich und höre deren Rat. Nachdem er die Ansicht der Brüder vernommen, ziehe er sich zurück und entscheide bei sich, was er für zuträglich hält.« Diese Regel ist ein Musterbeispiel für consultatives Management.

4. *Partizipativ* (participative) – nach dieser Spielregel dürfen die Mitarbeiter nicht bloß ihre Meinung sagen und ihren Rat erteilen, sondern sie nehmen am Entscheidungsprozeß in der beschriebenen Weise teil: *Jeder entscheidet, soweit er derjenige ist, der das Team zum gewünschten Erfolg führt.*

Diese Systeme haben Modell-Charakter. Man darf daraus nicht die Konsequenz ableiten, als könne man in jeder Situation oder gegenüber jedem Mitarbeiter dieselben partizipativen Management-Regeln sofort anwenden und jedes andere Verhalten verbieten. Zwar sollte *partizipatives Management die Zielvorstellung oder das Leitbild für das Verhalten eines Managers sein. Aber man muß in der Praxis situationell vorgehen.* Es kann Verhältnisse geben, die nur nach consultativem oder gar autoritärem Management-System zu meistern sind. Und man wird Mitarbeiter haben, die man erst allmählich von gleichgültiger oder gehorchender Verhaltensweise über den consultativen Stil zum partizipativen Management entwickeln muß.

Controller-Planungspraxis: 5. Fallbeispiel – Eigenfertigung oder Fremdbezug?

Investitions- und Wirtschaftlichkeitsrechnung

1. Situation

Eine Maschinenfabrik bezieht heute in einer Auflage von jährlich 100 000 Stück ein Stanzteil zum Preis von 1,– von einem fremden Lieferanten. Eine andere Maschinenfabrik bietet ihr eine günstige Anlage zur eigenen Produktion des betreffenden Teiles an. Die Kostensituation wäre so, daß an Material und Lohn sowie Werkzeug- und Energiekosten 0,20 je Stück entstehen und mit einem Budget zusätzlicher fixer Kosten von jährlich 70 000,– zu rechnen sei. Das Budget der Fixkosten enthält auch Abschreibungen sowie kalkulatorische Verzinsung. Wofür soll sich die Geschäftsleitung entscheiden: soll sie weiter dieses Teil zukaufen oder soll sie die Eigenproduktion in Angriff nehmen?

2. Durchführung der Wirtschaftlichkeitsberechnung

a) Im Falle eines Jahresbedarfs von 100 000 Stück

Die Wirtschaftlichkeitsbetrachtung läßt sich am besten in Form der folgenden graphischen Darstellung anstellen:

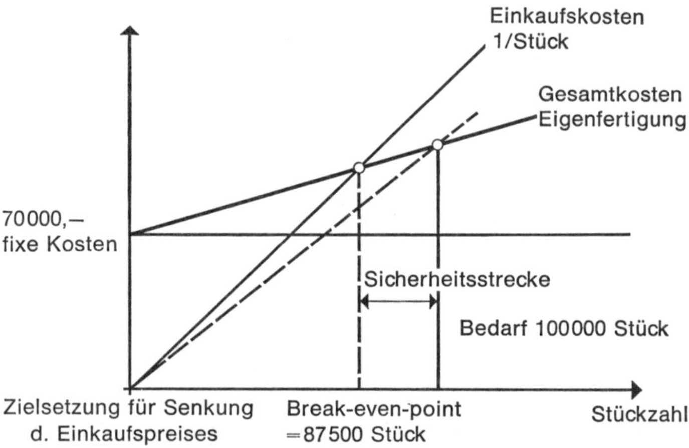

Abb. 21: Planung der Verfahrenswahl Eigenfertigung/Fremdbezug

Die Linie der Einkaufskosten läuft zum Teilebedarf in Stück proportional. Der Anstieg dieser Linie ist 1,– je Stück. Im Falle der Eigenproduktion entsteht ein Fixkostenbudget von 70 000,–, das auch bei einem Rückgang der Beschäftigung bzw. bei einer weiteren Erhöhung der Produktion im Rahmen der Kapazitätsgrenzen der Anlage beschäftigungsunabhängig definiert ist. Die beschäftigungsabhängigen oder stück-proportionalen Kosten sind flacher als die proportionalen Kosten im Falle des Zukaufs. Der Anstieg entspricht dem Grenzkostensatz je Teil, der bei 0,20 liegt.

Im Sinne der Break-even-Rechnung ergibt sich ein Schnittpunkt zwischen der Kostenkurve für den Fall des Zukaufs und jener bei eigener Herstellung. Liegt der Teilebedarf rechts von diesem break-even-point, so ist die Eigenherstellung wirtschaftlich interessant. Rechnerisch ergibt sich der Schnittpunkt nach der Formel

$$\text{Break-even in Stück} = \frac{\text{Fixe Kosten/Strukturkosten}}{\text{Deckungsbeitrag pro Stück}}$$

Der Deckungsbeitrag ist hier die Differenz zwischen wegfallenden Ausgaben je Einheit – eingesetzt wie ein Erlös – und dem Grenzkostensatz von 0,20 je Stück bei der Eigenherstellung. Deshalb ergibt sich der Break-even-Punkt bei

$$\frac{70\,000}{0{,}80} = 87\,500 \text{ Einheiten.}$$

Da der Teilebedarf bei 100 000 Stück im Jahr liegt, erscheint die Umstellung auf die Eigenproduktion auf den ersten Blick vorteilhaft. Jedoch dürfte der Sicherheitsabstand zwischen der Break-even-Stückzahl von 87 500 und dem voraussichtlichen Bedarf von 100 000 zu kurz sein. Durch die Eigenherstellung wird die Unternehmung wesentlich weniger flexibel. Infolgedessen wäre es im Falle eines Teilbedarfs von 100 000 im Jahr günstiger, die Einkaufskosten zu senken, wobei als Verhandlungsziel mit dem Lieferanten ein Einkaufspreis in Frage käme, der sich am neuen kritischen Punkt ergäbe – so wie es die gestrichelte Einkaufskostenlinie anzeigt. Dieser Stückpreis läge bei Kosten im Falle der Eigenherstellung von 90 000,– im Jahr bei 100 000 Stück; also bei einem Stückpreis von 0,90 je Teil.

b) Im Falle eines Teilbedarfs von 150 000 Stück im Jahr

Bei 150 000 Stück im Jahr wäre der Kostenvorteil sowie die Sicherheitsstrecke so erheblich, daß die Eigenproduktion von der Wirtschaftlichkeit der beiden Verfahren her in Angriff genommen werden kann. Jedoch fehlt noch ein Vergleich des zu erzielenden Ertrages – er liegt im Falle der Eigenherstellung von 150 000 Stück im Jahr bei 150 000,– wegfallende Kosten gegenüber 100 000,– dazukommende Kosten im Falle der Eigenproduktion – mit der dafür einzusetzenden Investitionssumme. Diese Betrachtungsweise, die jetzt nicht mehr eine Jahresrechnung darstellen kann, führt zur Investitionsrechnung. Die Wirtschaftlichkeitsrechnung unterstellt, daß alternativ das eine oder andere Verfahren praktiziert wird. Sie tut so, als sei bereits investiert worden.

3. Investitionsrechnung

Die Investitionsrechnung geht zunächst einmal von der zu erzielenden Ersparnis aus, die sich gemäß Wirtschaftlichkeitsrechnung unter Ziffer 2 ergibt. Die Investitionsrechnung ist aber eine Cash-flow-Rechnung. Sie rechnet nicht mit Kosten incl. Abschreibungen und kalkulatorische Zinsen, sondern nur mit Einnahmen und Ausgaben. Abschreibungen können im Falle der Investitionsrechnung noch nicht angesetzt werden, weil diese Rechnung den Investitionsentscheid erst begründen soll. Im Stadium vor der Investitionsentscheidung gibt es noch keine Abschreibungen. Die Abschreibungen dienen dazu, nach erfolgter Investitionsentscheidung die Amortisation des investierten Kapitals über entsprechende Verkaufserlöse sicherzustellen. Im Falle der Investitionsrechnung sind wir aber erst bei der Begründung des Investititonsentscheids. Vor dieser Begründung spielt auch die Höhe der Zinsen noch keine Rolle. Wir müssen den Zins errechnen, den die Investition der Sache nach bringt und dann überlegen, was das Geld kostet, mit dem der zu investierende Betrag finanziert werden soll. Interner Zinsfuß – internal rate of return.

Zum Zweck der Investitionsrechnung ist daher aus dem Block der fixen Kosten von 70 000,– je Jahr im Falle der Eigenherstellung jener Teil herauszunehmen, der Abschreibung und Verzinsung entspricht.

Der Anschaffungspreis der Maschine beträgt 200 000,–. Innerhalb des Fixkostenbudgets von 70 000,– ist eine Abschreibungsrate bei einer Nutzungszeit auf 10 Jahre angesetzt. Das wäre ein Abschreibungsbetrag von 20 000,– im Jahr. Dazu kämen kalkulatorische Zinsen von angenommen 10 000,– im Jahr. Infolgedessen sind aus den fixen Ausgaben 30 000,– zu eliminieren. Die durch den Investitionsentscheid dazukommenden fixen Ausgaben beliefen sich auf 40 000,– z. B. für Gehälter, fixe Reparaturleistungen, fixe Werkzeugausgaben sowie Löhne für Hilfszeiten, etwa für Reinigen; Strukturkosten und zugleich Auszahlungen.

Daraus ergibt sich folgende Einnahmen/Ausgaben-Rechnung:

Einnahmen =		
wegfallende Ausgaben durch Verzicht auf Zukauf		150 000,–
./. Ausgaben durch Übergang auf die Eigenproduktion		
a) fixe Ausgaben in Höhe von 40 000,–		
b) proportionale Ausgaben für Material und Lohn in Höhe von 0,20/Stück × 150 000 Stück =	30 000,–	70 000,–
= Einnahmenüberschuß vor Ertragssteuern		80 000,–

Durch den zusätzlichen Einnahmenüberschuß ergibt sich auch eine höhere Zahlung von Ertragsteuern. Für den Investitionsentscheid maßgeblich ist das, was nach Steuern übrigbleibt. Infolgedessen muß auch der Betrag der zusätzlichen Steuerzahlung ermittelt und vom Einnahmenüberschuß vor Steuern abgesetzt werden.

Errechnung der zusätzlichen Ertragsteuern:

Einnahmenüberschuß vor Steuern	80 000,–
./. steuerlich anerkannte Abschreibung 200 000,– Anschaffungswert auf 10 Jahre =	20 000,–

./. steuerlich anerkannte Fremdkapitalzinsen bei 50% Fremdfinanzierung	5 000,–
= Einnahmenüberschuß in der Steuerbilanz	55 000,–

Bei Ertragsteuersatz 20% (Antikes Schweizerisches Beispiel):

Daraus ergibt sich eine zusätzliche Steuerzahlung von	11 000,–
Ermittlung des Einnahmenüberschusses nach Steuern:	
Einnahmenüberschuß vor Steuern	80 000,–
./. zusätzliche Steuerzahlung	11 000,–
Einnahmenüberschuß nach Steuern	69 000,–
oder rund:	70 000,–

Die Kriterien der Investitionsrechnung sind vor allem die Pay-back-Periode sowie die Rendite als Return *on* investment (ROI) – »internal rate« interner Zinsfuß.

I. Pay-back-Periode

Die Pay-back-Periode gibt an, wieviel Zeit vergeht, bis der Einnahmenüberschuß nach Steuern die Investitionsausgabe zurückgezahlt hat. Sie hilft der Geschäftsleitung, das in der Investition steckende Risiko abzuschätzen. Je länger die Pay-back-Periode ist, desto länger hat man sich festgelegt; desto sicherer muß die langfristige Entwicklung des betreffenden Geschäftes sein.

Im Beispiel ergibt sich als Pay-back-Periode nach der Formel:

$$\text{Pay-back} = \frac{\text{Investitionsausgabe}}{\text{Einnahmenüberschuß nach Steuern}}$$

$$= \frac{200\,000}{70\,000}$$

$$= 2{,}85 \text{ Jahre}$$

also eine Rückzahlzeit von knapp 3 Jahren.

Wird diese Zeit von knapp 3 Jahren als ausreichend angesehen, bekommt die Investition von diesem ersten Kontrollpunkt aus das O. K. Es ist ein GO/NO-Denken.

II. Interner – verglichen mit externer – Zins

a) Bestimmung des Gegenwartswertes der Investition bei einem unternehmenspolitisch angesetzten Mindestzinsfuß – interner Zinsfuß:

Die Investitionsrechnung wird als eine »discounted cash flow«-Rechnung durchgeführt. Das heißt, es wird mit dem cash flow gearbeitet – dem Überschuß der Einnahmen über die Ausgaben, wie im Beispiel errechnet. Zum anderen muß dieser Einnahmenüberschuß auf den Zeitpunkt der Investitionsentscheidung diskontiert oder abgezinst werden. Ein Geldbetrag, der in der Gegenwart verfügbar ist, ist mehr wert als ein Betrag, der erst in der Zukunft hereinkommt. So kann das Geld von heute auf die Bank gelegt werden. Es bringt dort Zins und ist in späteren Jahren um die Zinseinnahmen mehr wert als heute. Im Umkehrschluß ist ein Betrag, der in einem späteren Jahr hereinkommt, weniger wert als derselbe Betrag von heute – d. h. er muß abgezinst werden. Die Erträge aus der Umstellung des Verfahrens vom Zukauf auf die Eigenfertigung kommen erst in den künftigen Jahren. Die Investitionsausgabe soll aber heute bezahlt werden. Infolgedessen sind diese Einnahmenüberschüsse nach Steuern zum Zeitpunkt der Investitionsentscheidung abzuzinsen, damit ein Vergleich mit der Investitionsausgabe von 200 000,– möglich ist.

Um diese Rechnung durchführen zu können, müssen von der Geschäftsleitung folgende Annahmen gesetzt werden:

1. Die geforderte Mindestverzinsung – ausgehend von dem, was auf dem Kapitalmarkt langfristig erzielt werden kann mit einem Zuschlag für das in der Investition steckende Risiko; sagen wir die Mindestverzinsung soll bei 12 % liegen (nach Ertragsteuern »Cost of capital«).

2. Die für überschaubar gehaltene Nutzungszeit aus Gründen des Marktes und der Herstellung des Produk-

tes mit derselben Technologie; angenommen sie läge bei 5 Jahren.

Was ist ein Einnahmenüberschuß nach Steuern von jährlich rund 70 000,– bei einem Mindestzinsfuß von 12% und einer Nutzungszeit von 5 Jahren heute wert?
Dazu kann die beigefügte Rententabelle benutzt werden. Diese Tabelle gibt an, wieviel eine Währungseinheit (ob €, Fr., $), die jedes Jahr als eine Rente nachschüssig (das Geld kommt gegen Jahresende und verzinst sich nicht schon während des Jahres) eingeht, heute wert ist. Erhält man z. B. bei einem Zinssatz von 6% 10 Jahre lang einen Franken als Jahresrente, so ist diese Rente heute ein Kapital von 7,36 Franken wert. Oder man könnte 7,36 Franken als Kapital auf die Bank tragen und würde bei 6% Verzinsung daraus eine Rente von 1 Franken für 10 Jahre lang erhalten können. Zins plus Zins auf den Zins.
Diese Tabelle können wir jetzt anwenden, um den Gegenwartswert unserer Investitionsentscheidung zu ermitteln. Im Falle eines Zinssatzes von 12% und einer Laufzeit von 5 Jahren ergibt sich aus der Tabelle der Faktor 3,605.
Infolgedessen stellt sich der Gegenwartswert der Investition auf:
Einnahmenüberschuß nach Steuern 70 000,– × 3,605

= 252 350,–

Auch vom zweiten Kriterium her ergibt sich für diese Investitionsentscheidung jetzt ein O.K.; der Gegenwartswert der Einnahmeüberschüsse ist größer als die Investitionsausgabe von 200 000,–. Die echte Verzinsung liegt damit höher als 12%. Der »Kapitalwert« liegt bei + 52 350,–.

b) *Bestimmung des vollen ROI (return on investment) oder des sog. »Internen Zinsfußes«*

Nachdem der Gegenwartswert der Einnahmenüberschüsse bei 252 350,– liegt, wenn ein Zinssatz von 12% angewendet wird, muß der echte Zinsfuß höher liegen als 12%. Der

N	1%	2%	4%	6%	8%	10%	12%	14%	15%
1	.990	.980	.962	.943	.926	.909	.893	.877	.870
2	1.970	1.942	1.886	1.833	1.783	1.736	1.690	1.647	1.626
3	2.941	2.884	2.775	2.673	2.577	2.487	2.402	2.322	2.283
4	3.902	3.808	3.630	3.465	3.312	3.170	3.037	2.914	2.855
5	4.853	4.713	4.452	4.212	3.993	3.791	3.605	3.433	3.352
6	5.795	5.601	5.242	4.917	4.623	4.355	4.111	3.889	3.784
7	6.728	6.472	6.002	5.582	5.206	4.868	4.564	4.288	4.160
8	7.652	7.325	6.733	6.210	5.747	5.335	4.968	4.639	4.487
9	8.566	8.163	7.435	6.802	6.247	5.759	5.328	4.946	4.772
10	9.471	8.983	8.111	7.360	6.710	6.145	5.650	5.216	5.019
11	10.368	9.787	8.760	7.887	7.139	6.495	5.988	5.453	5.234
12	11.255	10.575	9.385	8.384	7.536	6.814	6.194	5.660	5.421
13	12.134	11.348	9.986	8.853	7.904	7.103	6.424	5.842	5.583
14	13.004	12.106	10.563	9.295	8.244	7.367	6.628	6.002	5.724
15	13.865	12.849	11.118	9.712	8.559	7.606	6.811	6.142	5.847
16	14.718	13.578	11.652	10.106	8.851	7.824	6.974	6.265	5.954
17	15.562	14.292	12.166	10.477	9.122	8.022	7.120	6.373	6.047
18	16.398	14.992	12.659	10.828	9.372	8.201	7.250	6.467	6.128
19	17.226	15.678	13.134	11.158	9.604	8.365	7.366	6.550	6.198
20	18.046	16.351	13.590	11.470	9.818	8.514	7.469	6.623	6.259
21	18.857	17.011	14.029	11.764	10.017	8.649	7.562	6.687	6.312
22	19.660	17.658	14.451	12.042	10.201	8.772	7.645	6.743	6.359
23	20.456	18.292	14.857	12.303	10.371	8.883	7.718	6.792	6.399
24	21.243	18.914	15.247	12.550	10.529	8.985	7.784	6.835	6.434
25	22.023	19.523	15.622	12.783	10.675	9.077	7.843	6.873	6.464
26	22.795	20.121	15.983	13.003	10.810	9.161	7.896	6.906	6.491
27	23.560	20.707	16.330	13.211	10.935	9.237	7.943	6.935	6.514
28	24.316	21.281	16.663	13.406	11.051	9.307	7.984	6.961	6.534
29	25.066	21.844	16.984	13.591	11.158	9.370	8.022	6.983	6.551
30	25.808	22.396	17.292	13.765	11.258	9.427	8.055	7.003	6.566
40	32.835	27.355	19.793	15.046	11.925	9.779	8.244	7.105	6.642
50	39.196	31.424	21.482	15.762	12.234	9.915	8.304	7.133	6.661

Abb. 22: Gegenwartswert einer nachschüssigen Rente von 1 Währungseinheit

volle return – was auf das investierte Kapital »zurückkehrt« – liegt dort, wo der Gegenwartswert der abgezinsten Einnahmenüberschüsse genau so groß ist wie die Investitionsausgabe – im Beispiel also genau 200 000,– beträgt.

N	16%	18%	20%	22%	24%	25%	26%	28%	30%
1	.862	.847	.833	.820	.806	.800	.794	.781	.769
2	1.605	1.566	1.528	1.492	1.457	1.440	1.424	1.392	1.361
3	2.246	2.174	2.106	2.042	1.981	1.952	1.923	1.868	1.816
4	2.798	2.690	2.589	2.494	2.404	2.362	2.320	2.241	2.166
5	3.274	3.127	2.991	2.864	2.745	2.689	2.635	2.532	2.436
6	3.685	3.498	3.326	3.167	3.020	2.951	2.885	2.759	2.643
7	4.039	3.812	3.605	3.416	3.242	3.161	3.083	2.937	2.802
8	4.344	4.078	3.837	3.619	3.421	3.329	3.241	3.076	2.925
9	4.607	4.303	4.031	3.786	3.566	3.463	3.366	3.184	3.019
10	4.833	4.494	4.192	3.923	3.682	3.571	3.465	3.269	3.092
11	5.029	4.656	4.327	4.035	3.776	3.656	3.544	3.335	3.147
12	5.197	4.793	4.439	4.127	3.851	3.725	3.606	3.387	3.190
13	5.342	4.910	4.533	4.203	3.912	3.780	3.656	3.427	3.223
14	5.468	5.008	4.611	4.265	3.962	3.824	3.695	3.459	3.249
15	5.575	5.092	4.675	4.315	4.001	3.859	3.726	3.483	3.268
16	5.669	5.162	4.730	4.357	4.033	3.887	3.751	3.503	3.283
17	5.749	5.222	4.775	4.391	4.059	3.910	3.771	3.518	3.295
18	5.818	5.273	4.812	4.419	4.080	3.928	3.786	3.529	3.304
19	5.877	5.316	4.844	4.442	4.097	3.942	3.799	3.539	3.311
20	5.929	5.353	4.870	4.460	4.110	3.954	3.808	3.546	3.316
21	5.973	5.384	4.891	4.476	4.121	3.963	3.816	3.551	3.320
22	6.011	5.410	4.909	4.488	4.130	3.970	3.822	3.556	3.323
23	6.044	5.432	4.925	4.499	4.137	3.976	3.827	3.559	3.325
24	6.073	5.451	4.937	4.507	4.143	3.981	3.831	3.562	3.327
25	6.097	5.467	4.948	4.514	4.147	3.985	3.834	3.564	3.329
26	6.118	5.480	4.956	4.520	4.151	3.988	3.837	3.566	3.330
27	6.136	5.492	4.964	4.524	4.154	3.990	3.839	3.567	3.331
28	6.152	5.502	4.970	4.528	4.157	3.992	3.840	3.568	3.331
29	6.166	5.510	4.975	4.531	4.159	3.994	3.841	3.569	3.332
30	6.177	5.517	4.979	4.534	4.160	3.995	3.842	3.569	3.332
40	6.234	5.548	4.997	4.544	4.166	3.999	3.846	3.571	3.333
50	6.246	5.554	4.999	4.545	4.167	4.000	3.846	3.571	3.333

Abb. 22: Gegenwartswerte in DM/fr/öS – zugleich Pay-back-Perioden in Jahren

Um diesen Zinssatz zu ermitteln, kann man die Rententabelle Abb. 22 zu Rate ziehen. Die Faktoren der Tabelle sind nämlich gleichzeitig soviel wie Pay-back-Perioden. Würde man z. B. bei 6% ein Ka-

pital von DM 7,36 bei der Bank anlegen im Interesse einer Rente von einer DM je Jahr, so würde das Kapital für diese Rente über 10 Jahre reichen. Das Kapital von 7,36 hätte sich durch die Rente nach 7,36 Jahren wieder zurückgezahlt. Aus diesem Grunde sind die Faktoren der Tabelle gleichzeitig als Pay-back-Periode interpretierbar.
Wenden wir jetzt dieses Prinzip auf unsere Beispielrechnung an, so müßten wir bei der Nutzungszeit von 5 Jahren jenen Faktor suchen, der unserer Pay-back-Periode von genau 2,85 Jahren entspricht. Der Faktor 2,85 ist in der beigefügten Tabelle nicht zu finden. In seiner nächsten Nachbarschaft liegt der Faktor 2,864. Dieser Faktor gilt für einen Zinssatz von 22%. Damit kann angegeben werden, daß der volle return on investment oder der Interne Zinsfuß rund 22% beträgt. Der Kapitalwert ist Null.
Die genaue Zinssatzrechnung ist durch folgende Interpolation zu ermitteln:

Beim Zinssatz 22%

Faktor 2,864 × 70 000,– Einnahmenüberschuß = Gegenwartswert oder Barwert von 200 480,–, also noch günstiger als die Investitionssumme.

Beim Zinssatz 24%

Faktor 2,745 × 70 000,– = 192 150,–, also schlechter als die Investitionssumme.
Gesamtdifferenz der Barwerte:

	200 480,–
./.	192 150,–
	8 330,–

Anteil des günstigen Überschusses von 480,– an dieser Differenz von 8 300,– = 5,8%.
Tabellensprung = 2% im Zins.
5,8% der Differenz sind 0,116%.
Also beträgt der genaue Zinsfuß 22,116%

c) *Finanzierungsentscheidung*

Ist der Ertrag der Investition bei rund 22% bestimmt, so kann jetzt geprüft werden, wie das erforderliche Kapital von 200 000,– finanziert werden soll. Verlangt die Bank für Geld einen Zinssatz von 9%, so kann die Investition eingekauft werden. Es ergibt sich aus dem Kaufentscheid von Geld, der 9% erfordert, ein Nutzen von 22%. Der Einkauf des Geldes lohnt sich also.

d) *Shareholder Value*

Im Beispiel ist der discounted cash flow nach Ertragsteuern gerechnet – auch wenn der Steuersatz »antik-schweizerisch« ist oder künftigen Regierungskoalitionen im dritten Jahrtausend entspricht. Der Kalkulationszins von 12 % entspricht dem, was man heute unter »WACC« versteht – weighted average cost of capital. Das Wort ist zwar nicht erwähnt zunächst im Text und es ist auch keine Variation mit Beta-Faktoren durchgeführt. Aber das Resultat entspricht dieser Denkweise.
Der Gegenwartswert von 252.350,– auf Seite 168 ist also ermittelt über Abzinsung zum »WACC« und nach Steuern. Das ist auch klar. Ein Shareholder kann das Geld, das er für die Investitionen hinlegen soll (Kauf von Aktien), nur nach Steuern aufbringen.
Nehmen wir an, daß die Quote des Fremdkapitals innerhalb der Investitionssumme von 200.000,– 60 % beträgt (gemäß Bilanzplanung). Also muß von dem DCF nach Steuern von 252 TGE abgezogen werden 120 TGE als nominelles Fremdkapital. Übrig bleibt der Shareholder Value in Höhe von 132.350 GE. »Hinblättern« muß der Aktionär-Gesellschafter 80.000 GE. Also ist jetzt abzuschätzen, ob der Abstand das Risiko rechtfertigt.
Was im Beispiel nicht beachtet ist, ist ein operativer Restwert ab dem 5. Jahr. Man könnte einen Abverkaufspreis dieses Investitionsobjekts noch hinzufügen im 6. Jahr und gleichfalls auf heute abzinsen.

Controller's Beitrag in der Entscheidungsfindung

Was der Controller in diesen Beispielen bietet, ist die betriebswirtschaftliche Methodik als Rahmen oder Trampelpfad zur Entscheidungs-Hinfindung. Im Beispiel der Investitionsrechnung war es der Rahmen der discounted Cash-flow-Methode – so wie in den Beispielen zuvor eher die Deckungsbeitragsrechnung. Aber auch im DCF-Beispiel kommen die Strukturen der Beitragsrechnung wieder. Auch die Pay-back-Periode ist eine Art Break-even – also eine Zeit, die vergeht bis der Cash-flow die Investitionsausgabe zurückgezahlt hat.

Im genannten Beispiel kommen heraus als Pay-back-Periode 2,85 Jahre und als ein ROI-Satz – als eine »internal rate« oder »interner Zinsfuß« – 22 %. Dies allerdings jeweils nach Ertragsteuern – auch wenn die Steuerrate im Modellbeispiel nicht mehr den Realitäten entspricht.

Nun gibt es ja zwei Fälle, in die eine solche Investitionsentscheidung hineintrifft. Entweder *der finanzielle Spielraum ist größer als die Summe der Investitionsanträge.* Dann hat es der Controller einfach. Dann bräuchte man nur zu sagen, ob dieser interne Zinsfuß über dem liegt, was etwa auf dem Kapitalmarkt erzielt werden kann. Da könnte man auch Spielregeln aufstellen – z. B. »landesüblicher Zinsfuß mal 2«. Dann wäre die Sache in Ordnung.

Die 2. Situation besteht aber darin, *daß die Summe der Investitionsanträge größer ist als der Finanzrahmen. Dann muß eine Rangordnung gebildet werden.* Dabei mögen die rechnerischen Kriterien nicht ganz ausreichen. Vielleicht könnte von Controller's Seite dafür folgendes, auch wieder skalierend vorgehendes Schema beigesteuert werden.

Die beiden rechnerischen Kriterien sind in diesem Schema mit 50 Punkten bewertet. Diese Wertsumme teilt sich wieder auf in 30 für ROI und 20 für die Pay-back-Periode. Das kann zu verschiedenen geschäftlichen Zeiten natürlich anders sein. Ist man selber knapp mit Geld, könnten die rechnerischen Faktoren das Übergewicht haben; ist man vom Leitbild her eine »forschende« Unternehmung, zählt vielleicht das Qualitative mehr.

Rahmen der Prioritäten-Bildung

Kriterium	Wert	Note	Punkt-Summe
a) rechnerisch			
ROI	30	5	150
Pay back	20	4	80
b) nicht rechnerisch			
Verbesserung ☐ Potential	35	4	140
Verbesserung ☐ Infrastruktur	15	2	30
	100		400

Abb. 23: Schema zur Bestimmung von Hitparadenplätzen bei Investitionsprojekten mit »weichen« Faktoren

Im Modell erhalten die nicht rechnerischen Faktoren ebenfalls 50 Wertpunkte. Gewählt sind Potentialzuwachs und Verbesserung der Infra-Struktur inklusive der organisatorischen Abläufe oder der Information etwa durch EDV oder der Abfallbeseitigung oder Versorgung mit Energie- und Wertstätten-Diensten.

Sodann ist das Projekt zu benoten. Dabei müßte man sich das so vorstellen, *wie wenn in einer Schulklasse* nicht alle Schüler das Examen bestehen können. Es sind 4 Fächer mit unterschiedlichen Werten. Und jedes Projekt ist nun im Vergleich zu den anderen Projekten zu beurteilen. Sind 22% nach Ertragsteuern eine 5 für sehr gut? Die Pay-back-Periode von 2,85 Jahren erhält eine 4.

Auch die Know-how-Verbesserung wurde mit 4 bewertet, weil durch die Rückwärtsintegration ein zusätzlicher Know-how entstehen mag, eine verbesserte Versorgungssicherung eintritt und die Qualität vielleicht besser selber im Griff gehalten werden kann. Ganz abgesehen davon, daß ein besserer Zugang zum eigenen Designing besteht. Von seiten der Infrastruktur ergibt sich keine besondere Note. Deshalb sind hier 2 angegeben. Aus Wert und Note ergibt sich eine Punktsumme in Höhe von 400. Diese Summe bestimmt den *Hitparadenplatz des Investitionsprojekts auf der gesamten Investliste.*

Was wieder hat der Controller beigesteuert? Das Fragezeichen mit seiner Suchbewegung bei der Entscheidungsfindung. Nicht er hat genehmigt oder abgelehnt, sondern er hat die Methodik beigesteuert, in der eine Befürwortung oder Ablehnung »sich ergibt«.

So ist eine der Hauptaufgaben des Controllers darin zu sehen, daß er die Selbstüberzeugung der Manager fördert, bestimmte Dinge zu tun oder zu lassen.

Controller's Thementeppich

Am ganzen Controlling-Stoff entsteht immer wieder die Zweifelsfrage – vielleicht auch bei diesem Buch – wie denn dieser Stoff gegliedert sei. Und beim Stichwort Gliederung denkt man normalerweise an eine Reihenfolge nach 1., 2. und 3.

Doch so ist der Controlling-Stoff nicht zu sehen. Er ist vernetzt. Es handelt sich nicht um eine Wirkkette, sondern um ein Wirknetz. Oder man könnte auch sage, daß der Controlling-Stoff ein textiles Gebilde sei mit »Kette und Schuß«.

So stehen in Abbildung 24 in den Spalten die Tool-boxes. Das sind die Werkzeugsysteme des Rechnungswesens, jene der Unternehmensplanung sowie jene der Führung durch Ziele. Natürlich hat auch jedes System seine Sprache. Zum Rechnungswesen gehören die Deckungsbeiträge, die Produktkosten und die Strukturkosten. Dazu gehört das Ordnungsbild des Kostenwürfels. Zur Unternehmensplanung gehören strategische und operative Planung, Prognose und Planung, Portfolio, Szenario. Und das Werkzeugsystem der Führung durch Ziele spricht von Aufgaben und Zielen, von Oberaufgaben und Oberzielen sowie Unteraufgaben und Unterzielen. Da geht es um »bottom up« und »top down« und »Ausblitzen« der Zielvereinbarung.

»Controller's **Tool-Boxes** / Con-trolling-**Anwendungen**	Manage-ment-Rechnung	Unter-nehmens-planung	Führung durch Ziele
Vertrieb	stufenweise DB-Rechnung	z. B. Sortiments-prioritäten in der AE-Planung	z. B. Ziele & Kompetenzen von PC-Chefs
Produktion	flexible PKR	z. B. Aufgaben- u. Maßnahmen-planung (»Zero base budgeting«)	z. B. Zuständigkeit Kosten-stellenleiter
Forschung und Entwicklung	Projekt-Kalkulation	z. B. Projekt-Bear-beitungsstand u. Erwartungs-rechnung	z. B. Projekt-Management

Abb. 24: Controller's Thementeppich

Die Zeilen der Tabelle in Abbildung 24 sind die Anwendungsgebiete für das Controlling. Das sind die Ressorts Verkauf, Produktion, Entwicklung und Beschaffung sowie Personal und Finanzen. Das sind im Buch häufig die Fallbeispiele gewesen, wie etwa die Lamina im ersten Band. So hatte die Lamina etwa als rechnerischen Einstieg aus Spalte 1 den Deckungsbeitrag je Engpaß-Stunde. Daraus ergab sich in Spalte 2 als Unternehmensplanung eine Überprüfung des Artikels 3 nach Verkaufspreis, Einkaufspreis und Wertanalyse. Es kam auch eine strategische Frage hinzu, nämlich die der Preispolitik für Artikel 3. Und im 3. Feld ging es darum, die Zielkennzahl 15 % Return on Investment des Verwaltungspräsidenten umzutopfen in arbeitsfähige Einzelziele der beteiligten Manager: Für den Verkauf die Absatztonnen und die Verkaufspreise; für den

Produzenten die Durchlaufzeiten und für den Einkäufer die Einstandspreise für die zu kaufenden Stoffe.

Entlang den Spalten dieses Wirknetzes sind die zentralen Controller-Funktionen angesiedelt. Entweder ist ein Bereich zentraler Controller für alles zuständig. Oder die Zuständigkeiten gliedern sich so, daß der Hauptbereich Betriebswirtschaft das Rechnungswesen liefert und eine separate Stabsstelle »zentrale Unternehmensplanung« das Planungssystem. Vielleicht gibt es dann noch einen Koordinationsstab »Führungsmodell« im Personalwesen, aus dem die 3. Bahn geliefert wird.

Die dezentralen Controller-Hausärzte entlang der Matrix-Zeilen in Abb. 24 müssen als Allrounder auftreten. Gerade sie sind es ja, die für die von ihr zu betreuende Zielgruppe ganzheitlich ein Rechnungswesen-Angebot formulieren, die Planung betreuen und für die Zielmaßstäbe und die Ist-Stände sorgen müssen. Dann müßte der dezentrale Hausarzt sich von den zentralen Fachärzten jeweils den spezifischen Rat und die fachkompetente Auskunft holen.

Dies führt zum hausinternen »Controller-Arbeitskreis« (»CAK«) oder Controller's Kollegium; auch beim gegenseitigen Self-Training »unter Pfarrerstöchtern« mit Controller-Funktion.

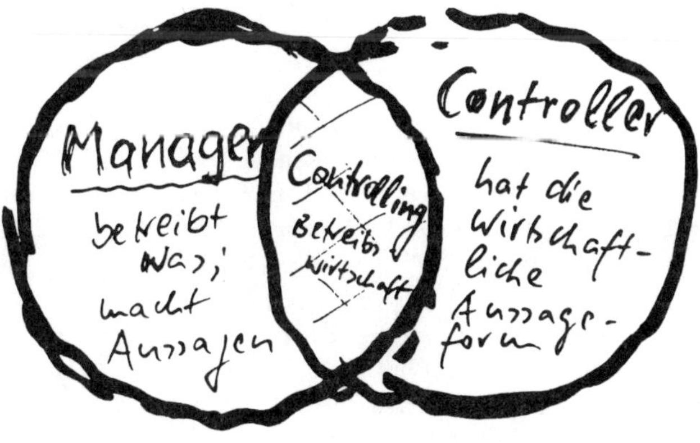

Abb. 25: Controller's Schnittmengenbild = größter gemeinsamer Teiler

Controlling als »Schnittmengen«-Praxis

Abbildung 25 stammt aus der Mengenlehre. Es ist die Schnittmenge – oder der größte gemeinsame Teiler – aus Manager und Controller. Nicht der Controller macht das Controlling. Controlling zu tun, ist Manager-Sache. Der Controller liefert dafür die Instrumente, die Anwendungsberatung, die »Reklamation« auch, daß es gemacht wird.

Ergebnisverantwortlich ist das Management; der Controller-Dienst ist ergebnistransparenzverantwortlich. Die Controller haben die Aussageform – ein Formular, in das noch etwas hineinzuschreiben ist (oder ein Menue im Bildschirm sinngemäß). Das Management macht die Aussagen. Die Aussageform sucht die Aussagen und verknüpft sie auf eine logische Plausibilität. Die Aussagen suchen die Aussageform zum Test auf deren Verläßlichkeit.

Controlling – der Prozeß von Zielsetzung, Planung und Steuerung – ist die Schnittmenge – das Sowohl-als-auch. Schnittmengen kann man nicht durch Stellenbeschreibungen trennen; man kann sie nur durch Spielregeln verbinden. Und das braucht das Akzeptieren dessen, was der jeweils andere zur Problemlösung und Entscheidungsfindung beitragen kann.

Anhang 2000:

Abgrenzungen im Berichtswesen des Controllers

Der betriebswirtschaftliche Grundauftrag lautet, **wirtschaftlich bei dem zu begleiten, was man betreibt.** Daraus folgt für das Controllingberichtswesen der Anspruch, **ereigniskonform oder kasuistisch zu berichten** – also im Sinn der Fälle, die sich konkret abgespielt haben.

Dies betrifft die Präsentation der **Ist-Zahlen.** Die passieren nicht gleichförmig periodisch, sondern in Ereignissen. Und Ereignisse machen uns nicht den Gefallen, gleichförmig und schön periodisch eingeebnet zu entstehen.

Die Norm setzt die Planung. Darin ist festgelegt, was sein soll. Welchen Umsatz für das Jahr (davor welchen Auftragseingang) und welche Kosten für das Jahr sind zu managen. Um eine Leitplanke zu haben, wird meistens im Sinne des »Phasing« der Jahresplan in Monatspläne umgesetzt. Manche dividieren einfach durch 12; andere machen es saisonal oder rhythmisch.

Es kommt aber eben dann oftmals anders, als man denkt. Das setzt aber voraus, daß man vorher gedacht hat. Andernfalls kommt es bloß anders. Das vorher Denken ist die Planung. Wenn es dann anders kommt, entsteht eine Abweichung. Abweichungen sind Signale – vielleicht ampelgestützt – zur Steuerung des Geschehens.

Daraus ergibt sich, **daß man Abgrenzungen unterlassen soll.** Wer abgrenzt – z.B. Umsatz oder Kosten – gaukelt sich in ein Niemandsland der Periodengerechtigkeit, das den tatsächlichen Sachverhalten nicht entspricht. Konsequenz: Das Management kriegt keine Steuerungssignale. Die Wahrheit steckt in dem Inhalt der Abgrenzungskonten. Wenn die dann zum Ende des Jahres aufgelöst werden oder vielleicht erst im 13. Monat, kommen dann die Überraschungen. **Vielleicht ist die Firma pleite und man hat es vorher abgegrenzt.**

Aber natürlich gibt es, ohne daß man abgrenzt, größere Abweichungen. Wenn man dann Abweichungen nach rückwärts immer nur erklären soll, verliert man die Lust dazu – zumal sich eine Abweichung in der Regel eine Zeit lang in der Kumulation wiederholt Monat für Monat. Vielleicht ist man dann aufgefordert, immer wieder dieselbe Abweichung zu erklären. Bis sie schließlich verschwunden ist bei stoßweisem Kostenanfall z.B., ist das Jahr vorbei.

Kernstück des Controlling-Berichtswesens ist die Vorschau oder Erwartungsrechnung. Ich freue mich heißt doch in englischer Sprache »I am looking forward«. Wie geht es weiter. Erreichen wir das Jahresziel, wie läuft der nächste Monat, wie bestehen wir das nächste Quartal, erreichen wir Weihnachten noch ... Das sind die Fragen, die im Controllerberichtswesen im Zentrum stehen sollten. Ist ein Ereignis dann passiert und sind Umsatz und Kosten »im Kasten«, also z.B. eine größere Versicherungsprämie, eine Gratifikationszahlung, ein Werbehöhepunkt anlässlich einer Messe, ein besonders guter Auftragseingang und Fakturierungserfolg – dann wiederholt sich das Ereignis doch nicht nochmals. Dann würde ich in der Hochrechnung eben entsprechend dies abgehakt haben und ankündigen das voraussichtliche Eintreffen beim Umsatz und bei den Kosten zum Ende vom Jahr. Im nächsten Monat wäre **die Hochrechnung des letzten Monats zum Ende Jahr hin zu bestätigen, wenn sich nicht neue besondere Ereignisse abgespielt haben.** Also macht man eine Ankündigung des voraussichtlichen Eintreffens im Ergebnis zum Ende vom Jahr. In dem vereinbarten Rhythmus, z.B. quartalsweise, würde gefragt werden müssen, bleibt es bei Ihrer Ankündigung zum Ende vom Jahr, oder haben Sie Anlaß, Ihr **»latest estimate«** zu verändern. Dann gewöhnt man sich doch stärker daran – als Controller wie als Manager – den geschäftlichen Ablauf durch die Höhen und Tiefen der Jahresrhythmen hindurch vor sich zu sehen und besser beherrschbar zu machen (make the cases controllable).

Monatliches Umsetzen der Budgets unterlassen?

Eine andere Lösung für das Controllerberichtswesen im neuen

Jahrhundert könnte darin bestehen, daß man die Umsetzung des Jahresbudgets in die Monate unterlässt. Je hektischer es zugeht, desto weniger helfen engmaschige Budget»vorgaben«. Da ist mehr angesagt das großräumigere Erstellen eines Budgets, das gleichzeitig auch die Jahresziele enthält.

Die Abweichung besteht dann jeweils zwischen dem Ist kumuliert – ohne jedwede Abgrenzung – und dem Ziel für das Jahr; diese Darstellung eines Zielerreichungsgrades veranlaßt eindeutig in erster Linie »nach vorwärts zu schauen«. Begleitet man die Vorschau-Darstellung/Erwartungsrechnung mit Maßnahmen, entsteht das Berichtsbild des **Formulars 4-Fenster.** Außerdem ist nach dem Berichtsprinzip das Formular als **Balanced Scorecard** gestaltet. **Balanced Scorecard und Formular 4-Fenster sind die typischen Controllingberichts-»Packages«.**

Bei der Gestaltung des Vorschauberichts/der Erwartungsrechnung kann man auch keinesfalls auf einem abgegrenzten Ist aufsetzen. Für diese Controllinganwendungen wäre, falls man abgegrenzt hat bei Kosten z.B., jeweils der Inhalt des Abgrenzungskontos mitzuteilen. Dann kann man doch die Abgrenzungen gleich auch weglassen und entkrampft das Rechnungs- und Berichtswesen. **More lean Reporting verzichtet auf Abgrenzungen und entlastet und entrümpelt von Such- und Wiederauffindungs-Aktionen.**

Graphisch gesehen könnte das Controllingreportingbild dann aussehen wie folgt. Die durchgezogenen Linien sind die harten Zielkennzahlen; die gestrichelten Linien die weichen Faktoren; wie es sinngemäß auch das Prinzip von Balanced Scorecard ausdrückt. Abb. 9a S. 82f. Band II.

Dann kann man davon ausgehen, daß Plausibilitäten bestehen z.B. zwischen Kundenzufriedenheit und Umsatz/Auftragseingang. Man kann keinen naturwissenschaftlichen Nachweis führen, aber »es läge nahe daß ...-Regeln« lassen sich aufstellen und glaubhaft machen. Sinngemäß ist naheliegend, daß ein Zusammenhang besteht zwischen gut gemanagten Kosten und Mitarbeiterzufriedenheit. Nicht daß Mitarbeiter gerade, um die

Firma zu strafen, in Kosten nicht sorgfältig sind. Dieses die Firma strafen wollen kann man gelegentlich bei Spesenabrechnungen beobachten.

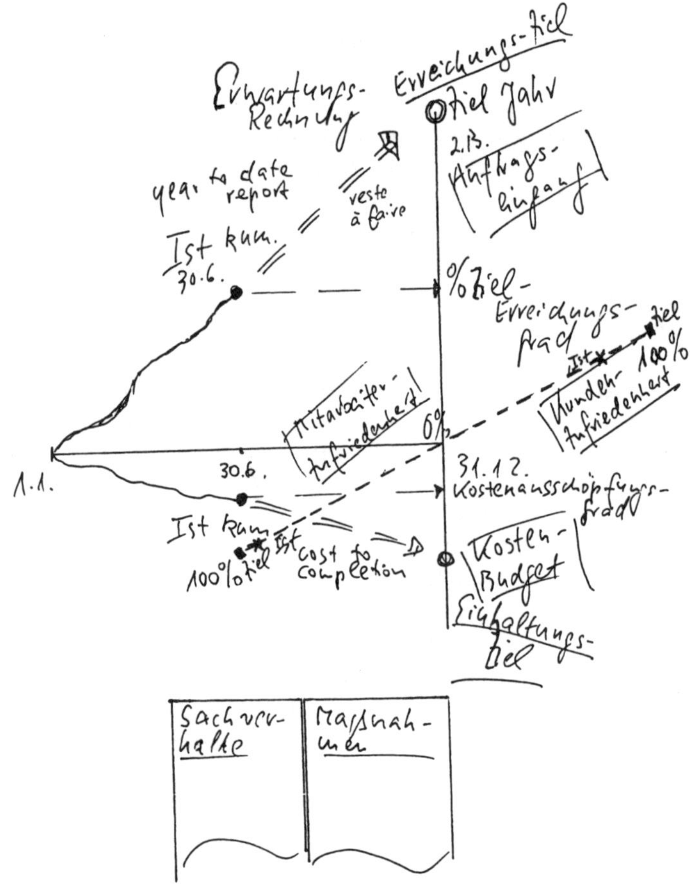

Abb. 26: Controller's Vorschau-Berichtsbild

Abgrenzungen im Jahresabschluß der Buchhaltung

Falls nötig ist, daß man z.B. wegen des **Imparitätsprinzips** in der Buchhaltung abgrenzt, ist das ein Berichtsbild, in dem sich externes und internes Rechnungswesen unterscheiden. Dabei gilt hierzulande (noch) die Regel, daß man Aufwendungen, die realisiert sind, in den Jahresabschluß einbezieht – nicht realisierte Gewinne hingegen nicht. Das entspricht unserem hiesigen Prinzip der Darstellung als vorsichtiger Kaufmann.

Ob man solche Berichtigungspositionen bringt oder unterlässt, soll dann jeweils die Wirtschaftsprüfung entscheiden – analog auch wie nach **US GAAP** das **accrual principe** zu handhaben ist; also das, was in einer Periode zugewachsen ist. Allerdings kann nach US GAAP auch hinzugefügt werden z.B. bei langfristiger Einzelfertigung ein Teilumsatz gemäß percentage of completion. Das kann dann auch Ausweis von noch nicht realisierten Gewinnen bedeuten gemäß true and fair view für die Shareholders.

Wenn im nach draußen gehenden, externen Berichtswesen was anderes gehandhabt wird, als im internen Reporting des Controllers, müssen die entsprechenden Beträge in die Abstimmbrücke. Trotz der Diskussionen über eine Annäherung von internem und externem Rechnungswesen bleiben hier Bedarfslagen, die unterschiedlich einzuschätzen sind.

Berichtswesen-Formular »4 Fenster« mit »Balanced Scorecard« Elementen

Ergebnisse		Einheit	Info. per ! Monate kum.			Erwartung zum 31.12.20..			
Nr.	Produkte Kunden Ereignisse		Plan per...	Ist per ...	Abw. z. Plan	Jahres-Plan	Erwartung nächstes Quartal	Erwartung restl. Zeit	Vorauss. Ist Ende Jahr
1	Marktanteil	%			0				0
2	Neue Kunden	Anzahl			0				0
3	Stammkunden	%			0				0
4	Absatz	St./t/..			0				0
5	Umsatz	T€			0				0
6	Deckungsb. I	T€			0				0
7	Deckungsb. II	T€			0				0
8	Personalkosten	T€			0				0
9	Sachkosten	T€			0				0
10	Veränd. WC	T€			0				0
11	Investitionen	T€			0				0
12	Free Cash Flow	T€			0				0
13	(CF)ROI	%			0				0
14	Lieferverzögerg.	Anzahl			0				0
15	Retouren	Anzahl			0				0
16	Neue Produkte	%			0				0
17	Mitarb.i.Proj.	%			0				0

Sachverhalte in Stichworten	Maßnahmen operativ / dispositiv (in Stichworten):	Zuständig
	Themenspeicher (strateg.)	für

Gesamtregister

Stichwortverzeichnis zu Band I und II

B

C

D

E

F

G

H

I

J

K

N

O

P

Q

R

S

T

U

V

W

Z